meiner Mutter
meinen Schwestern
meiner Tochter

Peter Wägner

Der Rotarmist im Pfarrgarten

Eine Kindheit im Krieg

Korrektorat: Annegret Lingemann

Gestaltung und Satz: Christian Wöhrl, Feingedrucktes

Fotos: Peter Wägner (3), Charly Leske (2), Archiv P. Wägner

Bibliografische Information der Deutschen
Nationalbibliothek: Die Deutsche Nationalbibliothek
verzeichnet diese Publikation in der Deutschen
Nationalbibliografie; detaillierte bibliografische
Daten sind im Internet über www.dnb.de abrufbar.

Herstellung und Verlag:
BoD – Books on Demand, Norderstedt

ISBN: 9783738621051

Inhalt

„'s ist leider Krieg – und ich begehre
Nicht schuld daran zu sein!"

Matthias Claudius, Kriegslied

Schuld waren wir Kinder daran nicht, aber dabei waren wir schon. Mit eigenen Augen, eigenen Gefühlen, eigenen Erlebnissen und eigenen – kindlichen – Erklärungen für das, was auch die Erwachsenen nicht erklären konnten.

Vier Torten zum elften Geburtstag

Vier Cremetorten hatte meine Mutter zu meinem Geburtstag am 3. Februar gebacken. Von allem, was noch da war und wegmusste – weil wir wegmussten. Ich weiß nicht mehr, wie sie geschmeckt und ob wir sie überhaupt gegessen haben. Aber dass wir vier Kartons gebastelt haben, um sie mitzunehmen auf die „Flucht", daran erinnere ich mich deutlich.

Flucht von wo nach wo? Von Lunow, unserem kleinen Dorf an der Oder, wo mein Vater als Pfarrer amtierte und wir sechs Geschwister das Paradies unserer Kindheit zelebrierten.

Flucht wohin? Mit dem Pferdewagen westwärts hinein in das Schicksalsjahr 1945.

Die Vertreibung aus dem Paradies begann an einem kalten Februarmorgen, früh um sechs bei völliger Dunkelheit. Kein Licht, nicht mal Feuerzeuge oder gar Taschenlampen waren erlaubt, kein Geräusch, nur das Klappern der Hufe und das Rumpeln der Räder. Die Leute sprachen wirklich nur im Flüsterton. Als ob die Russen schon so nahe wären, dass sie uns hören würden – dachten wir Kinder.

War das nun gleich am Tag nach meinem Geburtstag, wie ich es in Erinnerung habe? War es eine Woche später, wie die Dorfchronik schreibt? Jedenfalls ist für mich die Vertreibung aus dem Paradies untrennbar mit den vier Torten verbunden.

ZUR LAGE: ERINNERUNGSARBEIT

Mir braucht keiner etwas über
die Gräuel des Krieges zu erzählen.
Ich habe die TV-Dokumentation
„Wie der Krieg nach Deutschland
kam" gesehen. Alle vier Folgen.
Aber dies ist nun mal meine
Geschichte. Die Geschichte eines
elfjährigen Jungen, der mit seinen
fünf noch jüngeren Schwestern
neugierig, fröhlich und ziemlich
angstfrei durch die Kriegs-
und Nachkriegsjahre stolperte.
Unbeschädigt. Ganze Geschwader
von Schutzengeln müssen über
uns gekreist sein. Und wir haben
es nicht einmal gemerkt.

Auf Wunsch meiner Tochter, die endlich einen roten Faden in meinen Geschichten sehen will, habe ich meine Erinnerungen mal auf die Reihe gebracht. Angeregt und unterstützt für das entscheidende Jahr 1945 durch die Tagebuchnotizen meiner Mutter, die eine meiner Schwestern eben ausgegraben hat. Mutter schrieb detailreich, genau und ohne jedes Sentiment. Eine tapfere Frau.

Koffer packen
und das Silber vergraben

Mutters Tagebuch:

„Schon im Sommer, als die deutschen Truppen in Russland immer nur zurückgingen, haben wir überlegt, dass man Sachen vergraben könnte, haben Rucksäcke genäht und Koffer gepackt."

Die Rucksäcke, an die ich mich lebhaft erinnere, waren unförmige Ballen aus braunem Segeltuch mit Trägern aus Jalousienbändern, gedacht jeweils für den Transport einer Bettdecke und eines der Zwillinge. Als mir Mutter den einen probehalber aufgeschnallt hat, bin ich gleich hintenüber gefallen. Zu groß und zu schwer. Wir haben die Ballen dann sozusagen am Kragen gepackt und mitsamt den anderthalbjährigen Zwillingen zu zweit geschleppt oder besser: über den Boden geschleift. Sie erwiesen sich aber im Verlauf der Flucht durchaus als nützlich. Zumal die zwei Kinderwagen, die wir mitnehmen durften, dazu missbraucht wurden, unter der Babycamouflage die Reste der herbstlichen Hausschlachtung –

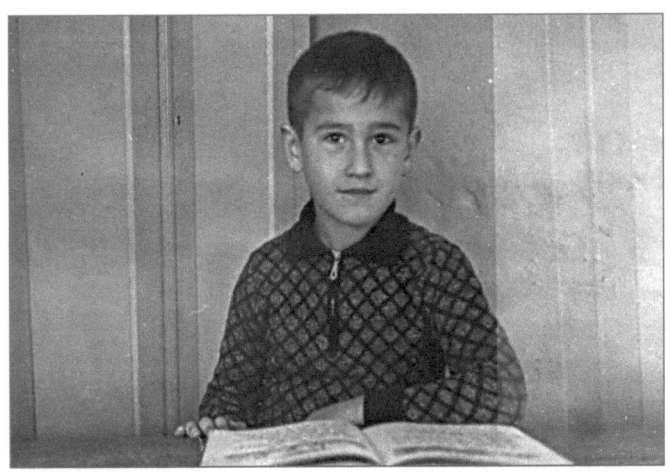

Herausgeputzt für das erste Schulfoto – wir hatten zwei Schulen im Dorf mit je einem Klassenraum: einem für die Kleinen, einem für die Großen. Einschulung und Kriegsbeginn fielen in etwa zusammen.

Schinken, Würste, Speck, Schmalz – zu transportieren.

Mutters Tagebuch:

*„Allmählich haben wir das alles nicht mehr
so ernst genommen. Zu Weihnachten, als die
Russen an der ostpreußischen und schlesischen
Grenze standen, haben wir schon dringlicher
vom Eingraben gesprochen. Aber die Erde war
ja gefroren, da blieb es wieder. Vom 20. Januar
aber wurde es uns bitter ernst, denn die Russen
näherten sich der Grenze der Neumark. Ruth
hatte als erste einen Tragesack für ihren Micha
fertig. Wir kamen langsam hinterher. Ein Tag
war besonders aufregend. In der Nacht hatte die
Landwehr wachen müssen, weil russische Panzer
bis Soldin in der Neumark durchgestoßen waren.*

*Am nächsten Tag hatte sich überall die
Stimmung etwas beruhigt. Es kam ein Wagen
mit Flüchtlingen aus dem Warthegau. Alle
schliefen in Elsas Stube. Wir waren richtig froh,
dass wir sie aufgenommen hatten. Tante Hanni
half jetzt jeden Tag. Die Koffer waren fertig
gepackt. Jeden Abend legten die Kinder alle*

Sachen zur Reise zurecht. Die Bauern machten ihre Wagen fertig. Keiner hatte recht Sinn und Zeit für Peters Geburtstag, es kamen aber doch 4 Torten zustande, die ich unbedingt mitnehmen wollte, falls es in der Nacht losginge. Am Geburtstag kam Einquartierung, 4 Flaksoldaten in die Amtsstube. Am Vormittag schwerer Angriff auf Berlin. Trotz allem am Abend Kasperletheater: „Von der Prinzessin, die nicht reden kann". Am Montag neue Einquartierung in der Essstube, in Ruths Stube und im Luftschutzkeller. Viel Arbeit mit Einräumen und Kaffeekochen. Dazu die Nachricht, dass Hohensaaten, unser Nachbarort, nach Brodowin geht. Vater muss den ganzen Tag schanzen. Am Dienstag kam aus Hohensaaten die Nachricht, dass alle Frauen und Kinder am nächsten Tag fortsollen. Ich laufe mit Tante Hanni noch im Dunkeln, alle Leute bestellen. Zu Hause eifriges Packen, Kuchenbacken usw. Am nächsten Morgen große Eile. Die Soldaten helfen, unser Gepäck zum Nachbarn zu bringen. Tante Hanni zieht schnell die Kleinen an, die Morgensuppe muss

stehen bleiben. Tante Mia und ich laufen willig
hinter den 3 Wagen durchs Dorf. Die ganze
Lüdersdorfer Straße steht voller Wagen.

Auf Goldbecks Wagen ist noch viel Platz; ich
lasse mir schnell noch einen Kinderwagen holen.
Dadurch kommen wir viel später weg, holen
den Treck erst in Parstein ein. Der Weg bis
Bölkendorf ist nur Modder. Unser Wagen muss
Niethes Wagen mit den Zwillingen schleppen.
Nachher steige ich auf diesen Wagen um:
Marlene bricht, die Kleinen frieren und weinen.
In Klein-Ziethen, Groß-Ziethen, Althüttendorf
bleiben welche. Nur die letzten 5 Wagen fahren
weiter bis Gut Neugrimnitz. Die Kleinen sind
recht ungemütlich, alle erschöpft. Auf dem
Gut können auch nicht alle bleiben. Tante
Hanni bekommt mit zwei unserer Kinder eine
Stube. Tante Mia wird beim Kutscher liebevoll
aufgenommen. Wir müssen weiter zur Schule.
Notlager, kein Tisch, kein Stuhl, 15 Kinder, 5
Erwachsene."

So lernte ich das „Nachtlager in Granada" kennen. Irgendein Spaßvogel hat die Worte an die

Schultafel geschrieben. Und ich werde sie mein Leben lang nicht mehr los. Auch sie stehen wie die vier Torten für Flucht und Vertreibung. Jedenfalls für den ersten Teil.

Meine Rettung durch die Russen

Für mich hatte das „Schicksalsjahr 1945" schon im Herbst 1944 begonnen. Einschulung am Gymnasium in der Kreisstadt Angermünde. Das heißt, zweieinhalb Kilometer morgens um sechs auf finsteren Feldwegen zum Bahnhof Lüdersdorf, fünfzehn Kilometer im saukalten Zug nach Angermünde und dann im Schweinsgalopp zur Schule, um den morgendlichen Fahnenappell auf dem Schulhof nicht zu verpassen. Mein Klassenlehrer, ausgerechnet, ein feister Kerl in SA-Uniform, pries nicht nur Führer und Endsieg, er entblödete sich auch nicht, die fünf Pfarrerskinder in der Schule regelmäßig runterzumachen als „Weichlinge" und „verwöhnte Brut".

Wenn dann auch noch, was immer öfter vorkam, während des Unterrichts die Sirenen heulten und wir nur die Wahl hatten, zum Bahnhof zu wetzen oder von irgendeinem blöden Luftschutzwart in den nächsten Keller gezerrt zu werden, war das Maß des Elends voll. Übervoll.

Kurzum, dies war mein Annus horribilis. Die Hefte mit den Fünfen und Sechsen vergrub ich in

Vaters Amtszimmer hinter dem Kachelofen, und ich bin der Roten Armee heute noch dankbar, dass sie Haus und Kachelofen und meine Hefte zerschossen hat.

Nach den Weihnachtsferien war schulfrei – es konnte nur besser werden. Und bald kam ja auch mein Geburtstag. Das heißt, erst kamen die Soldaten, und ich durfte im Motorradbeiwagen eines schneidigen Leutnants durchs Dorf knattern, um ihm Schule, Kindergarten, Bürgermeisteramt und die anderen strategisch wichtigen Punkte des Ortes zu zeigen.

Das Wichtigste waren natürlich das Pfarrhaus und der Kirchturm, wo eine Beobachtungsstation eingerichtet wurde. Die Russen durchschossen ihn später derart passgenau, dass die Granate in ein Fenster rein- und aus dem anderen wieder rausflog. Das wurde erzählt, die Bilder sagen etwas anderes – darauf ist ein Teil des Turms weg.

Das Makabre an der Sache war, dass die Russen, die ihren Spähposten in einer weithin sichtbaren Mühle hatten, zwar auf der anderen, der steilen Seite der Oder campierten, aber über

Wochen keine Anstalten machten herüberzukommen. Mal ein paar Schuss ihrer Artillerie, mal ein paar Schuss der unseren. Mal ein Patrouillenboot hinüber, mal ein Patrouillenboot herüber. Bis eines Tages der Eisgang auf der Oder so stark war, dass überhaupt nichts mehr ging. Also gespenstische Stille, das Dorf voller Soldaten – und eifriger Bauersleute, die ihr Sonntagssilber vergruben. Ich fand das albern, aber wer hört schon auf einen Zehnjährigen.

So hatten wir denn über Wochen eine ruhige, aber für uns Kinder sehr spannende Zeit. Der Luftschutzalarm beispielsweise wurde telefonisch vorangekündigt. Kam der Anruf, heulten die Sirenen nicht sofort, mein Vater aber musste die Sanitäterjacke überziehen und sich bei einer Meldestelle im Dorf einfinden. Weil er wegen der Verhaftung in den Dreißigern durch die Gestapo als belastet galt, hatte er zwar mehrmals den Einberufungsbefehl bekommen, wurde aber immer wieder zurückgestellt. Er war nie wirklich Soldat und nur in den letzten Kriegstagen nach einer Blitzausbildung als Sanitäter dienstverpflichtet.

Edler Wettstreit der Kinder also: Wer ist zuerst am Telefon und gibt die Alarmmeldung an den Vater weiter? Mein Gott, waren wir wichtig.

Zur Erklärung: Die Vorstellung der obersten Führung war, Frauen und Kinder vorübergehend aus der Schusslinie zu bringen, das Vieh und die Männer – auch meinen Vater – aber im Dorf zu belassen. Wie lange? Bis zum Endsieg.

Nach acht Wochen, genauer am 26. März, wurden in einem Feuerhagel Haus und Hof und Dorf doch noch zusammengeschossen. Sozusagen en passant. Die entscheidende Schlacht wurde ein paar Kilometer weiter südlich geschlagen.

ZUR LAGE: DIE OSTFRONT

Am 2. Februar erreichte die 1. Weißrussische Front unter Marschall Schukow die Oder und bildete beiderseits von Küstrin und bei Fürstenberg zwei Brückenköpfe auf dem Westufer. Den Militärstrategen beider Seiten war klar, dass die Schlacht um Berlin

auf den Seelower Höhen, einer
bis zu fünfzig Meter Höhe
aufragenden Hügelkette entlang
der Reichsstraße 1, geschlagen
werden würde. Nach heftigen,
für beide Seiten verlustreichen
Kämpfen auf dem gesamten Gebiet
des Oderbruchs begann am 16. April
die Entscheidungsschlacht. Sie
dauerte nur vier Tage und kostete
12.000 deutsche, 5.000 polnische
und 33.000 sowjetische Soldaten
das Leben. Am Abend des 19. April
hatte die Front der 9. deutschen
Armee aufgehört zu existieren.
Der Weg nach Berlin war frei.

Unser Vater, der bis zum Schluss seine Pfarrers-
pflichten erfüllte, bei denen es meist nur noch um
Beerdigungen ging – er war der einzige verbliebene
Pfarrer im Umkreis von zwölf Dörfern –, kam nach
der Zerstörung „seines" Dorfes zu uns nach Mecklenburg. Und blieb.

Pflaumenkuchen bei Tante Dahms

So viel zur Vertreibung aus dem Paradies. Aber wie war das mit dem Paradies?

Erinnerungen sind eine gefährliche Sache, erst recht nach siebzig Jahren. Natürlich verblasst alles, das eine schneller, das andere langsamer. Was am längsten bleibt, sind vielleicht nicht eben die wichtigsten, wohl aber die merkwürdigsten Dinge, das kann ein dramatisch über die Oder heraufziehendes Gewitter sein oder ein Stück Pflaumenkuchen bei Tante Dahms.

Da fängt die Schieflage schon an. „Mutter, Mutter, ich habe bei Tante Dahms zwölf Stück Pflaumenkuchen gegessen!" Meine Mutter hat uns auch Pflaumenkuchen gebacken. Oft. Aber den habe ich leider völlig vergessen.

Ich bekomme große Bauchschmerzen, nein, nicht vom Pflaumenkuchen, sondern beim Gedanken, meinen lieben Eltern – Gott habe sie selig – in diesem Rückblick Unrecht zu tun. Bitter Unrecht. Natürlich waren sie lieb, besorgt um ihre damals noch sechs, nach dem Krieg sieben Kinder. Und

Angetreten in Reih und Glied – die vier Pfarrerskinder auf der Hochzeit der Nachbarstochter. Es war eine typische Kriegsehe, Heirat während des Fronturlaubs und kurz darauf die Nachricht: gefallen für Führer, Volk und Vaterland.

natürlich haben sie alles getan, uns eine glückliche Kindheit zu verschaffen. Aber mein Emotionsund damit mein Erinnerungspendel schlägt nun mal nicht bei ihnen, sondern bei Onkel und Tante Dahms aus. Gewaltig.

Meine Eltern waren 1933 aus Berlin nach Lunow gekommen, Vaters erste Pfarrstelle, und das in einem stolzen, durch Tabakanbau wohlhabend gewordenen Bauerndorf. Ringsum reihten sich die Rittergüter aneinander. Auch wenn es längst keine Ritter mehr gab, waren es Großbetriebe, einer hatte das Sagen, und die anderen hatten sich zu fügen. Lunow war anders, ein Dorf freier Bauern, noch immer stolz auf das „Civil-Ehrenzeichen 1. Klasse in Gold", das ihnen der Preußenkönig Friedrich-Wilhelm III. 1812 für ganz besondere Verdienste verliehen hatte. Der höchste Orden im nichtmilitärischen Bereich, wie die Dorfchronik andächtig vermeldete. Der Grund: Die einquartierten Franzosen hatten alle Fischerkähne beschlagnahmt, trotzdem gelang es den braven Lunowern, preußische Soldaten, darunter vielleicht sogar den inkognito fliehenden König, an das rettende, andere Ufer der Oder zu schippern. Derweil zechte der brave Pastor Kopp, also ein Vorgänger meines Vaters, mit den französischen Offizieren. Aus patriotischer Pflicht.

Mein Vater hat nie gezecht, nicht mal aus patriotischer Pflicht. Auf den Bauernfesten, seien es nun Hochzeiten oder Beerdigungen, drehte er sein Glas sofort um. Nein danke, ich nicht! Die Bauern haben es ihm nicht verübelt. Er war beliebt, und wir Kinder waren stolz, wenn im Dorf von seinen Heldentaten bei Hochwassern, Feuersbrünsten und weiß ich was erzählt wurde. Er war zwar ein Städter, ein Berliner sogar, aber er war in Ordnung. Und als er sich dann auch noch weigerte, einen SA-Mann unter der Hakenkreuzfahne zu trauen, war er ein (heimlicher) Held.

Zurück zu Lunows Heldentaten. Seine Majestät verfügte, dass der Orden in den silbernen Abendmahlskelch der Kirche eingelassen werde. Der Kelch der Gemeinde aber war nur aus Zinn. Also ging im Dorf der patriotische Klingelbeutel um, bis die erforderlichen hundert Taler beieinander waren. Und zum Schluss gab es ein großes Fest.

So viel zu den Lunowern. Die übrigens – und das machte einen Teil ihres Charmes aus – ein breites Platt sprachen. Wir Kinder natürlich auch. Jedenfalls auf der Straße. Zu Hause kämpfte meine Mutter einen aussichtslosen Kampf gegen das „schlechte Deutsch". Wie später in Berlin auch. Als ich nach Jahren mit ihr aus Stuttgart telefonierte, wo ich mittlerweile gelandet war, war ich entsetzt – und entzückt –, wie sehr sie berlinerte.

Die kleine Welt im Winkel

Lunow war ein kleines Dorf. Bauerndorf im oberen Teil, (wendisches) Fischerdorf unten am Fluss. Viereckige Höfe: Stall, Scheune, Haus und zur Straße die Hofmauer mit dem gewaltigen Tor, groß genug für die breit ausladenden Heuwagen. Wir wohnten oben, am Dorfende, im „Winkel". Kirche, Pfarrhaus, Schule, fünf Höfe und – lass mich nachrechnen – acht Kinder, wovon wir allein schon sechs stellten: Peter, zehn, Anneliese, neun, Hanna, acht, Marlene sieben und die Zwillinge Dörte und Kati, eben mal anderthalb Jahre alt. Alles im Januar 1945, als die Idylle sich dem Ende zuneigte.

Die ganz kleine Welt des Winkels also in der kleinen Welt des Dorfes. Die Dorfstraße rauf, die Fischerstraße runter, zur Kanalbrücke, der Rest war schon fast Terra incognita – ich übertreibe. Noch ein paar Höfe, noch eine Schule, die Post, Pinkepanks Gasthaus mit Kino. Die geheimnisvolle Wassermühle und noch weiter draußen eine hölzerne Bockwindmühle. Alles andere war „Neuland", Neubaugebiet.

Das „Dorf an der Oder" lag nicht eigentlich an derselben, sondern am „Großschifffahrtsweg", unserem „Kanal". Die Oder, ein gewaltiger Strom, war zu ungebärdig für die Schifffahrt. Im Winter oft malerisch zugefroren, überschwemmte sie das Vorland mindestens zweimal im Jahr. Was dann die Hochwassersirenen tuten ließ – ein vertrauter Ton meiner Kinderjahre.

Onkel Dahms, ein, wenn ich mich recht erinnere, eher kleiner Mann mit einem Schnauzbart, war Bauer und Jäger, Tante Dahms seine stämmige, fleißige, herzensgute Frau. Die dicke Tante Dahms auf dem Fahrrad die sandige Dorfgasse hinunterradelnd, die Rechte am Lenker und links unterm Arm ein gewaltiges Kuchenblech zum Abbacken beim Bäcker – ein Bild voller Grazie und Todesmut. Ja, und dann gab es noch Elfriede, die Tochter, bildhübsch und damals so um die zwanzig.

Dahms hatten einen kleinen Zwei-Pferde-Hof. Das war für uns Kinder der Maßstab: Zwei Pferde, drei Pferde, vier Pferde, ich kann heute noch alle Gäule die Straße hoch aufzählen. Dazu Kühe, Schweine, Hühner, Enten, Gänse, eine Scheune,

Heimweh auch nach siebzig Jahren. Dorf und Kirche waren zerschossen und wurden neu und teilweise völlig anders wiederaufgebaut, trotzdem blieb Lunow ein Sehnsuchtsort, Schauplatz unserer Kindheit – unser Dorf eben.

einen Stall, einen Misthaufen und ein Haus, das man heute wohl als ärmlich bezeichnen würde. Strohdach, Fachwerk, lehmverputzte Wände, niedrige Decken. Aber es war das Paradies. Im Wohnzimmer – die gute Stube wurde, wie auf dem Lande so üblich, nie genutzt – gab es ein Sofa, einen Esstisch, einen Schrank oder eine Anrichte. Ein paar Geweihe, das obligatorische Bild mit dem röhrenden Hirsch. Und es gab Onkel Dahms kleinen, braunen Jägerschreibtisch, in dessen linker Schublade sich Ausgaben der Zeitschrift „Wild und Hund" stapelten. Ich saß auf einem Rehfell, hatte vor mir den Zeitschriftenberg – und war selig. In meiner Erinnerung für Stunden, Tage, Wochen. Für immer! Bis mich ein Trompetensignal von „drüben", also aus dem Pfarrhaus, aus meinen Träumen riss. Mein Vater griff wirklich gelegentlich zur Trompete, um seine Kinderschar zusammenzutreiben.

Und das sagt mehr als die berühmten tausend Worte.

Das Pfarrhaus, aus rotem Stein gebaut und sehr viel prächtiger, war – alles in allem – ein Wirtschaftsbetrieb: Vater, Mutter, sechs Kinder, ausgebombte Onkel und Tanten, Omas und Opas aus Berlin, zwei Hausmädchen, die Kindergärtnerin, volles Haus. Ziel des Betriebes: Einen christlichen Pfarrerhaushalt vorzuleben, so, wie er im protestantischen Preußen zu sein hatte. Dass meine Mutter am Samstag auf der Kante von Vaters Schreibtisch saß und ihm die Predigt diktierte, gehörte zum gern erzählten Dorfklatsch. Mutter hatte zwar auch Theologie studiert, und das mit Auszeichnung, aber sie begnügte sich damit, die Orgel zu spielen, den Frauenchor zu leiten – und sechs Kinder nicht nur zu kriegen, sondern auch aufzuziehen.

Herr Vater, Frau Mutter,
dass Gott euch behüt!

Das alte Wanderburschenlied trifft es auf den Punkt. Wir sagten nicht Vati und Mutti oder gar Papi und Mammi, wir wurden nicht geherzt und geküsst, nein, Vater und Mutter. Und das war auch so gewollt.

Ich sehe das Bild noch genau vor mir: im Speisezimmer gewaltige schwere Möbel aus dunklem Eichenholz, Furcht einflößend mit Löwenköpfen und Greifenklauen, was nicht den Eltern anzulasten war, die Einrichtung war ein Erbstück. Und oben am Kopfende des riesigen Esstisches thronte der Vater, die Herrnhuter Losungen verlesend, die Schrift auslegend, betend. Tut mir leid, das sagen zu müssen, aber ich hatte mir schon mit acht, neun, zehn Jahren angewöhnt, die Ohren auf Durchzug zu stellen.

Es war ein feierliches Ritual, wenn der Vater als Vertreter Gottes im Esszimmer agierte. Nichts gegen Rituale, manche habe ich geliebt, zumal wenn ich ein Teil davon war. Natürlich gehörte die Kir che zum wägnerschen Wirtschaftsbetrieb, die Kinder sangen im Chor, Mutter spielte die Orgel, und Vater predigte von der Kanzel. Wenn eine Kindstaufe anstand, musste ich drüben in der Küche das Taufwasser anwärmen – „aber nicht zu heiß!" Und wenn der Vater im sonntäglichen Gottesdienst bei der Ausgangsliturgie angekommen war – „der Herr segne und behüte euch, er lasse sein Angesicht leuchten über euch …" –, musste ich rüber in die Küche flitzen und die Kartoffeln auf drei stellen, damit sie bis zum Mittagessen gar waren. So weit, so gut. So gut organisiert. Die Lieder waren feierlich, die Kirche roch gut, auch evangelische Kirchen riechen. Das Läuten der Glocken liebe ich bis heute. Aber für das andere fehlte mir von klein auf die transzendentale Antenne. „Vergessen Sie nicht, die Antenne zu erden", mahnte ein rostiges Blechschild am Pfarrhaus. Meine war wohl zu heftig geerdet.

Ich bin mit Onkel Dahms aufs Feld gefahren, wann immer ich konnte. Er pflügte, hinter den Pferden einhergehend, die Leine um die Schultern gelegt, Furche für Furche. Und wenn ich mich neben ihm müde gestolpert hatte – denn in einer frisch gepflügten Furche zu laufen ist sehr mühselig –, lag ich im Schatten des Leiterwagens im warmen Sand, schaute in den Himmel oder auf den Waldesrand, wo weiß die Heckenrosen leuchteten, hörte den Kuckuck rufen und war glücklich. Das Paradies! Und auf dem Rückweg sprachen wir über Gott und die Welt, verständig, so wie ein acht-, neun-, zehnjähriges Kind sie versteht. Ich fühlte mich ernst genommen. Wir, mal mit der ältesten Schwester, mal mit dem Lehrerjungen von schräg gegenüber, durften überall mit: zum Heuen auf den Oderwiesen, zum Getreideabliefern in der geheimnisvoll rauschenden alten Wassermühle.

Das Dorf lebte vom Tabakanbau – und wir Kinder lebten mit; beim Brechen der Blätter, beim Aufziehen auf die langen, flachen Blechnadeln. Die Frauen saßen in der Scheune auf schmalen Bänken und fädelten die Blätter, die Männer hingen die schweren Schnüre an der Decke auf. Es gab Kaffee und Kuchen. Es war ein Fest. Und auf den Bahnhof zum Abliefern der getrockneten Blätter durften wir natürlich auch mit.

So, das war die Grundmelodie der himmlischen Musik meiner Kindheit, nun zu den Merk-Würdigkeiten. Beispielsweise, dass beim Grasmähen jedes Jahr Rehkitze verletzt wurden und Jägerstochter Elfriede sie zu unserem Entzücken mit der Flasche aufzog. Die meisten der oft dreibeinigen Unglückswürmchen starben, einige aber schafften es, tollten dann sogar mit dem Hund, einem großen braunen Rauhaar, über Hof und Wiesen, bis sie irgendwann im Wald verschwanden. Onkel Dahms behauptete, dass Hansi, der Rehbock, aus dem Wald käme, wenn er nach ihm rufen würde. Erlebt habe ich es nicht, wohl aber, dass ein fremder Dorfhund über die Hofmauer setzte und ein gerettetes Reh riss. Ich habe Onkel Dahms noch nie so wütend gesehen.

Im Schuppen hatte er einen alten Kürassier-Brustpanzer mit einer Einschussbeule. Für den Krieg von 1870/71 war Onkel Dahms sicher zu jung, aber in seinen Erzählungen ging es ständig um Sedan und Mars-la-Tour.

Der Hitler ist ein Verbrecher

Aber wir redeten nicht nur von fernen Kriegen, „Peter", sagte er mir einmal beim Rübenhäckseln, und er musste es sehr laut sagen, weil die Maschine so lärmte: „Peter, der Hitler ist ein Verbrecher." Ich habe das als schreckliches Geheimnis gehütet. Mit niemandem darüber gesprochen, schon gar nicht mit den Eltern. So wie die mit uns Kindern auch nie über Politisches redeten. Vater saß in den Dreißigerjahren mal für drei Wochen wegen einer Kanzelabkündigung der Bekennenden Kirche in Schutzhaft und stand bei der Gestapo – so viel hatte ich dann doch mitgekriegt – auf der Merkliste. Es war der reine Selbstschutz, den Bom-Bom-Bom-BOM-Sender blitzschnell wegzuschalten, wenn ein Kind in die Stube kam. Wer weiß, was wir sagen würden, wenn der „Herr vom Schulamt" uns nach Beethoven fragen würde. Bom, Bom, Bom, BOM.

ZUR LAGE: DER FEINDSENDER
Es war bei Todesstrafe verboten,
den Feindsender BBC London

einzuschalten, der relativ objektiv
über die Kriegslage berichtete.
Eröffnet wurde die Sendung
mit den ersten Tönen von
Beethovens Schicksalssinfonie,
gespielt von zwei Pauken.
Bom, Bom, Bom, BOM, von den
Falschen mitgehört, genügte,
um einen an den Galgen zu bringen.

Das Einzige, was aus der bösen Welt da draußen
ins Pfarrhaus und zu uns Kindern drang: An der
Wohnstubenwand hing eine große Landkarte Ost-
europas, auf der der Opa täglich nach dem Wehr-
machtsbericht die Stecknadeln versetzte. Etwas die
Wehrkraft Zersetzenderes konnte es gar nicht ge-
ben. Aber ich habe natürlich weiter an den Endsieg
geglaubt.

Dass mein Vater meine Vereidigung als Hitler-
junge mittels Mumpskrankmeldung sabotierte –
die Vorstufe hieß Jungvolk, und da musste man mit
zehn zum Dienst –, fand ich einerseits empörend,
andererseits hilfreich, weil der „Dienst" scheußlich

war und man als Pfarrerssohn besonders schlechte Karten hatte.

Die Russen haben es dann gerichtet, ab Herbst war Schluss.

Zwei Ziegen im Gespann

Herr Vater, Frau Mutter, die Trompete, die Firma „evangelische Pfarrersfamilie" – und drüben die dahmssche Idylle. Am schönsten war es natürlich, wenn Hüben und Drüben zusammenwirkten. Am Tag, an dem die Zwillinge getauft wurden, ging ich noch einmal in den Stall zu den Schafen. Beide Tiere lagen stöhnend im Stroh und sahen aus, als ob sie es nicht mehr lange machen würden. Hatten wohl etwas Falsches gefressen.

„Vater, Vater, Onkel Dahms, Onkel Dahms, unsere Hammel krepieren!"

Vater hatte schon den Talar an, Onkel Dahms den Sonntagsanzug, weil er Pate stehen sollte. Talar und Anzug aus, Schaftstiefel an, und die Biester fachmännisch geschlachtet. Dann rüber zur Taufe, dann wieder rein in die Stiefel und die Tiere weiterbehandelt, ich war Gott sei Dank nicht dabei. Und dann wurde gefeiert.

Nebenbei, auch die Pfarrei hatte einen richtigen großen Bauernhof, noch der Vorvorgänger meines Vaters hatte ihn bewirtschaftet. Dann wurde das Land verpachtet, aber wir hielten Schafe, ein Schwein, das jeweils im Herbst geschlachtet wurde, dazu Hühner und Kaninchen. Ich hatte zwei Ziegen, die, „professionell" mit einer Kreuzleine gelenkt, im Geschirr einen kleinen Leiterwagen zogen. Im Dorf hieß es: „Ah, Preeschters Peter, der Ziegenpeter". Vaters Leidenschaft war die Biologie, die er neben der Theologie studiert hatte. Er wusste die Funktionen von Knochen und Sehnen beim sonntäglichen Hasenbraten so anschaulich zu erklären, dass uns regelmäßig der Appetit verging.

Wie gesagt: ein Kinderparadies. Wer „Die Heiden von Kummerow" gelesen oder den Film gesehen hat, bekommt eine Vorstellung davon, wie es zuging bei uns im Dorf. Nur dass ich eben nicht der Sohn vom Grambauer, sondern der vom Pfarrer war. Für Ehm Welk, den Autor, gibt es heute ein Museum in Angermünde. Wir waren sicher, dass just unser Dorf Schauplatz seiner Geschichten gewesen sein musste. Aber das war dann später wohl eher dem Heimweh geschuldet.

Lunower Idyllen. 50 Jahre nach unserer Flucht bei Nacht und Nebel (kein Blick zurück!) bin ich noch einmal in die alte Heimat gefahren. Ich hätte es bleiben lassen sollen. Alles, was die Erinnerung in den buntesten Farben malte, erschien mir jetzt klein, eng und grau: die Straßen, die Höfe, das Elternhaus und sogar die alte Friedhofsmauer, an der wir damals Schlagball spielten – enttäuschend.

Ich bin dann über den Friedhof gegangen. Da kannte ich mittlerweile eh mehr Leute als in der Bauernstraße. In der Eiche am Friedhofstor saß in meiner Jugend immer ein Käuzchen. Und als ich die Friedhofstür ganz leise ins Schloss fallen ließ, saß es immer noch da. Alte Heimat.

Das Paradies meiner Kindheit. Eine Badestelle am Kanal, auf dem die Lastkähne fuhren. Mutigere Jungs schwammen sie an, kletterten rauf, fuhren ein Stück mit und hüpften dann ins Wasser – weswegen die Schiffer bösartige Kläffer an Bord hielten. Die Badestelle also, der Kanal überhaupt, Angeln, Ziegenhüten und erste Zigaretten rauchen. Zur „Badeanstalt" gehörte das, Verzeihung, „Negerdorf". Runde Hütten mit Strohdach. Irgendeine Arbeitsbeschaffungsmaßnahme aus den Dreißigern. Und danach kaum noch benutzt. Ich erinnere mich an

Lunow revisited. Nach fünfzig Jahren wieder an der Tür der alten Kirche, die einem dereinst als Pfarrerskind eine zweite Heimat war. Viel hat sich verändert im Dorf meiner Jugend, die Kirche ist so, wie sie immer war – vertraut und wunderschön.

hüpfende BDM-Mädels in schwarzen Turnhosen und weißen Makohemden. Aber meist standen die Hütten leer – ein wunderbarer Spielplatz.

Und die Seen ringsum, die Felder, riesige Wälder. Einmal habe ich mich mit Opa beim Pilzesammeln so verlaufen, dass gegen Abend das halbe Dorf nach uns suchte, angeführt von meinem Vater – natürlich mit Trompete.

Dann der Friedhof: Er gehörte für uns Pfarrerskinder zum Spielterrain. Möglichst nah an die Trauerfeier heranschleichen, hinter den Gräbern versteckt im Sand liegen. Wenn Vater uns erkannt hatte, blinzelte er: touché! Und was waren das für Beerdigungen. Traf es einen alten Soldaten, trat vor dem Friedhof die Kameradschaft mit Fahnen und Gewehren an, und über dem Grab wurde dreimal geschossen.

Natürlich spielten wir Kinder Soldat. Meine Großmutter hatte mir eine Art Uniformjacke geschneidert. Ich trug sie mit Stolz. Und natürlich war ich dabei, als die Dorfjugend unter einer riesigen Fahne – ich glaube, es war eine alte Reichskriegsflagge – die Jungs des (kleineren) Nachbardorfs vermöbelte. Keine Angst: kein Blut, aber viel Triumphgeheul. Die Zeiten mögen kriegerisch gewesen sein, wir waren es nicht. Obwohl ich noch weiß, dass wir nach Fremden, die die Dorfstraße langliefen, mit Steinen warfen. So viel zum Thema Willkommenskultur. Viel später habe ich Ähnliches in Oberägypten erlebt – es hat mich an früher erinnert. Selbst die Nazifilme, die wir sonntags für fünfzig Pfennige in der zum Dorfkino umgebauten Scheune von Pinkepanks Gasthaus sahen, vermochten es nicht, uns ernsthaft zu ideologisieren. Einer ist mir im Gedächtnis geblieben, in dem brave Volksdeutsche ganz furchtbar von den Polen schikaniert wurden und schließendlich in einem dunklen Keller saßen und herzzerreißend „Heimat deine Sterne" sangen, bis die deutsche Wehrmacht sie endlich befreite.

Auch die Schule oder das Jungvolk hatten da keinen großen Einfluss auf uns. Die Lehrer lebten noch in der Welt des Ersten Krieges und erzählten bestenfalls von Tannenberg und Verdun, und die HJ-Führer waren schneidige Großmäuler, meist aus den ärmeren Häusern des Dorfes, die eben nur

zack-zack brüllen konnten, wenn wir unsere Er-
tüchtigungsläufe machten.

Wie der Krieg ins Paradies kam

Damit es kein Vertun gibt: Seit ich sechs war, herrschte Krieg. Und ein klein wenig davon schwappte sogar ins Paradies. Jeder Hof hatte ein, zwei, drei Kriegsgefangene, sie wurden ordentlich behandelt, jedenfalls wenn wir Kinder dabei waren. Und sie waren nett, jedenfalls zu uns Kindern. Der Pole vom Hof schräg gegenüber kam nach dem Krieg sogar zurück und heiratete die Bauerstochter.

Ein kleines Dorf ist eine Welt für sich. Wir hatten einen Ortsgruppenleiter der NSDAP, aber der sagte meinem Vater Bescheid, wenn sich die Männer mit den braunen Mänteln – oder waren sie schwarz? – mal wieder ankündigten. Was sich genau abspielte, haben wir Kinder nicht mitbekommen, und gesprochen wurde nie darüber. Daran allerdings erinnere ich mich deutlich: Seine Frau hing dick und plump im Fenster, und wenn wir Kinder vorbeigingen und Guten Tag sagten, wie man das bei uns so machte, pfiff sie uns zurück, und wir mussten noch einmal vor ihrem Fenster paradieren und „Heil Hitler" rufen. Na ja.

Auch dass wir schulklassenweise über die Felder gejagt wurden, um Kartoffelkäfer oder Stanniolstreifen zu sammeln – diese fiesen Engländer schreckten aber auch vor nichts zurück! –, geriet jedes Mal eher zu einem missglückten Klassenausflug. Nichts gefunden, nichts gebracht, viel Krach gemacht.

Dass wir dabei mal einen Feind aufschreckten, wohl einen abgeschossenen Flieger, der mit seiner Ausrüstung laut klappernd davonlief und von dem es später hieß, er sei im Kanal ertrunken, das war schon unheimlich. Aber sonst? Wir saßen bei Tante Dahms im Garten bei Kaffee und Kuchen, und über uns zogen die britischen Bomberstaffeln nach Berlin, in Luftkämpfe verwickelt mit deutschen Abfangjägern. Wir konnten alles deutlich sehen, waren aber sicher, selbst nicht in Gefahr zu sein, weil wir ja unter den Pflaumenbäumen versteckt waren. Kinderlogik. Einmal ist tatsächlich eine Bombe runtergefallen, Notabwurf, aber das war weit genug weg.

Was noch? Unsere Rodelschlitten mussten wir abgeben, unsere Skier. Und warme Schals und Pudelmützen. Alles für die Winterfront. Wir waren zwar doof, doch dass unsere Sachen die Front nicht retten dürften, ahnten wir. Aber es war halt etwas los im Dorf, alle machten mit und fühlten sich wichtig.

Als die Pferde an die Front mussten, war das schon schmerzlicher. Die Bauern argumentierten, dass sie die Pferde für die Ernte bräuchten, so kamen nur die „entbehrlichen" weg. Und die kriegten wir, als es dem Ende zuging, hundertfach wieder. Das ganze Dorf wimmelte von abgemagerten Panjepferden, die beim Rückzug aus Russland mitgenommen worden waren, dazu eine Schar von zwangsrekrutierten Pferdehirten. Ukrainer, wenn ich mich recht erinnere. Rekrutiert von der Organisation Todt.

Was das sollte, wusste keiner. Die armen Gäule krepierten in Scharen und waren dann auch irgendwie wieder weg. Trotzdem, für uns Jungs war es ein Paradies, ein Pferdeparadies. Wir durften sie zur Tränke reiten. Und lernten, dass Pferde beißen können. Wir hatten überall blaue Flecken, trotz der dicken Jacken.

Der Obermotz des Vereins, ein stolzer Streiter in einer stolzen Uniform, quartierte sein riesiges

Ross, natürlich kein Panjepferd, nebst ukrainischem Pferdeknecht ausgerechnet in unserem Stall ein. Er wurde furchtbar böse, als wir dem armen Knecht zu Weihnachten nicht nur ein paar Plätzchen, einen gestrickten Schal und Handschuhe brachten, sondern ihn auch noch in die Küche einluden. Meine Mutter musste sich schwer etwas anhören: Fraternisierung mit dem Feinde! Ob dabei das Wort Untermensch fiel, kann ich leider nicht mehr sagen.

Unsere Mutter! Oft saß sie abends am Klavier und spielte aus einem großformatigen, bebilderten Liederbuch schwermütige Soldatenlieder. Wir Kinder standen um sie herum und sangen „Als wir nach Frankreich zogen, wir waren unser drei. Ein Schütze und ein Jäger und ich, der Fahnenträger der schweren Reiterei". Oder „Zu Straßburg auf der Schanz, da fing mein Trauern an". Und „Morgenrot, Morgenrot, leuchtest mir zum frühen Tod? … Gestern noch auf stolzen Rossen, heute durch die Brust geschossen, morgen in das kühle Grab!"

Ich könnte noch stundenlang Geschichten aus dem Paradies erzählen, wie wir von Nachbars Pferden fielen und uns des Lehrers Bienen stachen, wie wir schreiend zur Mutter liefen, die uns ganz schnell eine halbe Zwiebel auf die Stichstelle legte. Unser Lehrer war nämlich Imker und liebte seine Bienen viel leidenschaftlicher als seine Schüler. Wie wir die Abflussrinnen, die von den Schweineställen zur Jauchegrube führten, mit unseren kleinen Kinderhänden säuberten und mit denselben kleinen Kinderhänden bei Elfriedes Hochzeit die Schleppe trugen – und fallen ließen. Der frisch angeheiratete Luftwaffensoldat war nach wenigen Wochen weg. Gefallen für Führer, Volk und Vaterland – „leuchtest mir zum frühen Tod". Er war nicht der Einzige im Dorf. Immer öfter musste mein Vater „Besuche" machen, trösten, sich Geschichten anhören. Damals gab es noch keine Interventionsseelsorger, die mit der Feuerwehr anrückten. Damals hatte man, ob man nun zur Kirche ging oder nicht, seinen Pfarrer.

Einer seiner Konfirmanden war bei der SS gelandet und muss sich im Heimaturlaub Fürchterliches von der Seele geredet haben.

Vater war über Tage sichtlich verstört. Erzählt hat er nie etwas. Auch später nicht. Und das Komische: Wir haben ihn auch nie danach gefragt.

Auch nicht, als manchmal nachts Fremde anka-
men und sich über Tag auf dem Boden versteck-
ten, bis sie in der nächsten Nacht weiterzogen. Ju-
den auf dem Weg nach Schweden? Weitergereicht
von einem Netzwerk der Bekennenden Kirche? Es
wäre tödlich gewesen, darüber zu reden. Und nach
dem Krieg mochten die Eltern das auch nicht tun.

Westwärts, aber nicht weit genug

Nach drei Wochen im Notbehelf hatten wir genug vom Nachtlager in Granada und zogen weiter. Freunde von Freunden – genauer, die Schwester unserer Gemeindeschwester – hatten für uns Quartier gemacht. In einem kleinen Dorf im Westen von Mecklenburg: Roggenstorf, zwischen Grevesmühlen, Kalkhorst an der Ostsee und Dassow gelegen.

Mutters Tagebuch:

„Der Tag heute war drückend heiß. Jetzt sitze ich bei Kerzenlicht in fremder Stube mit fremden Möbeln und denke zurück an die letzten 2 Monate.

Einen Tag lang eifriges Packen, dann am nächsten Morgen um 6 Uhr geht es los. Schimkönigs helfen rührend mit, alles auf den Wagen vom Gut zu verstauen. Wir haben 23 Gepäckstücke (2 große Koffer, 2 Kannen Sirup, 4 Kinderrucksäcke und lauter kleine Taschen). Auf dem Gut müssen wir noch auf Tante Mia warten. Der Wagen ist knackvoll. Mein Fuß klemmt sich bei dem Geschuckel so ein, dass wir anhalten und umpacken müssen. Auf dem kleinen Bahnhof kurzes Warten und das erste Einsteigen. Großes Abteil, alles wird in der Mitte aufgeschichtet. In Templin hilft uns die NSV beim Gepäckschleppen. Hier müssen wir im Flüchtlingsraum bis zum Abend warten, kriegen Suppe und Kaffee, hören allerlei Flüchtlingsschicksale, kochen um 6 Uhr Kinderbrei, und dann ist es endlich so weit. Jungvolk hilft uns im Dunkeln zum Bahnsteig. Ob alles Gepäck da ist? Wer weiß es.

Ja, mitgekommen sind wir alle. In der Nacht stiegen wir in Fürstenberg um. Alles dunkel. Wir liefen vor der Lokomotive vorbei auf die andere Seite des Zugs in höchster Eile und kamen auseinander. Als der Zug abfuhr, war nur Hans bei mir. Aber wir hofften, dass Schwester Else schon auf die Kinder aufpassen würde. Um 12 Uhr waren wir in Neustrelitz und fanden uns wieder. NSV-Männer fuhren mit einem großen Gepäckwagen unsere Sachen ins Bahnhofshotel. Wir folgten. Dort war großer Flüchtlingsbetrieb, aber warm und hell. Der Schlafraum lockte uns nicht. Wir saßen in einem Raum mit Tischen und Stühlen, bekamen Kaffee und Leberwurstbrot

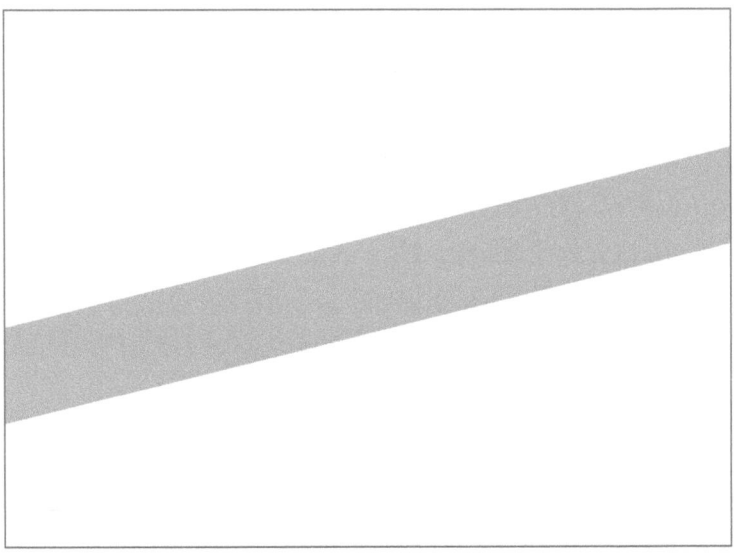

Der Unterschied zwischen Urlaub und Flucht ist, dass man von der Flucht keine Fotos hat. Die Kriegsbilder, mit denen wir derzeit überschwemmt werden, stammen von Berichterstattern beider Seiten. Dass Elende ihr Elend auch noch im Bild festhalten, geschieht eher selten.

und schliefen auf Bänken und Stühlen. Aber um 4 Uhr früh ging es schon wieder los. Im Dämmern ging es bis Lalendorf, großer Umsteigebahnhof, viele Menschen. Wir luden selbst unser Gepäck auf einen Wagen, fuhren verzweifelt am vollen Zug entlang, erst brachten wir die Kinder unter, dann mit Schimpfen kamen wir woanders rein. In Grevesmühlen kleiner voller Wartesaal, aber wir müssen die Zwillinge endlich trockenlegen, während die Kinder Limonade trinken. Mit der Kleinbahn bis Moor. Ich warte mit den Kindern im zugigen Warteraum, der sich Bahnhof nennt, über eine Stunde, während Hans mit Schwester Else vorgeht, um uns anzumelden. Wir kommen ja überraschend und wissen nicht, wie man uns aufnehmen wird. Endlich kommt ein kleiner Pferdewagen, der nur Gepäck und einige Kinder mitnehmen kann. Wir müssen mit Tante Mia und Kinderwagen laufen. Auf halber Strecke nimmt uns ein flotter Gutswagen mit. Der Empfang ist für uns Heimatlose überwältigend. Alles freundlich, prima Essen nur für uns, großer Bohnenpudding. Man räumt 2 Stuben und eine klei-

*ne Küche aus, leiht freundlich alles Nötige. Wir
sind angekommen.“*

Angekommen in Roggenstorf, einem kleinen Dorf in Westmecklenburg, nur zehn Kilometer vom Dassower See entfernt, wo Monate später
der „Westen" anfangen sollte. Ein kleines Dorf in
der Mitte von nirgendwo. Windstill im Auge des
Orkans. Wieder ein paar Höfe, die Kirche samt
Pfarrhaus auf einer kleinen Anhöhe in der Mitte.
Davor der Dorfplatz mit einer Linde. War es eine?
Dahinter der Dorfteich, Spiel-, Bade- und Aben-
teuerrevier für uns Kinder.

Stille im Auge des Orkans? Nicht ganz. Das
Dorf war randvoll mit Flüchtlingen und deutschen
Soldaten, die mit Mann und Ross und Wagen
in endlosen Kolonnen auf der Dorfstraße nach
Schleswig-Holstein ins dönitzsche Restreich zogen, die Soldaten demoralisiert, betrunken, über-
müdet und hungrig. Für eine Mettwurst war eine
Pistole P8 im Angebot, für eine halbe ein Eisernes
Kreuz. Besonders eindrucksvoll in der Erinnerung:
lettische SS in ganzen Clans, Frauen, Kinder und,
für uns immer wichtig, wunderschöne Pferde.

Mutters Tagebuch:

„Am 1. April kommt Hans unerwartet
und mit der Botschaft, dass unser Haus
ausgebrannt ist. Nun bleibt er bei uns.
In Erwartung der Feinde viel unnütze
Aufregung, Fluchtpläne und überstürztes
Packen.

Am 1. Mai kommen die Amerikaner,
ein Strom von Flüchtlingen und deutschen
Soldaten geht ihnen voraus, darunter
Gerhard Kalow aus Lunow. Ins Haus
einquartiert werden die Gräfin Berndorf
mit Anhang, die gemütlichen Schlachtersleute
Friedrich und das Ehepaar Tönnis,
das uns später durch raffiniertes Organisieren
und Stehlen in Aufregung versetzt."

Das feine Berliner Ehepaar besaß zwei viel-
bewunderte Windhunde, hatte diese aber – was
wir nicht wussten – zur Jagd auf Rehe abgerichtet
oder zumindest benutzt. Dass sie die toten Tiere
ausgerechnet im Dachboden der Kirche zwischen-
lagerten, wurde den Tönnis zum Verhängnis und
ergab viel Gesprächsstoff im Hause. Irgendwie hat

sie der lange Arm der Justiz dann doch erwischt. Sie waren plötzlich verschwunden.

Am Tag, als die Panzer kamen

Am 1. Mai also, nach zwei Monaten anarchischer Nichtexistenz, kamen endlich die Amerikaner.

ZUR LAGE: DIE WESTFRONT
Die Konferenz von Jalta 1945
hatte für Westmecklenburg eine
Demarkationslinie festgelegt,
die etwa von Dömitz bis Wismar
reichte und Amerikaner und Russen
trennen sollte. Beide Armeen
rückten im Eiltempo vor, wobei die
Amerikaner bis Schwerin kamen,
während die Russen in Wismar
haltmachten. Das blieb für Monate
so, bis es ab Juli zu einem Austausch
von Westmecklenburg gegen die
Westsektoren in Berlin kam. Briten
und Amerikaner zogen sich auf die
spätere Zonengrenze zurück, die
Russen rückten ein. Friedlich. Der
Krieg war seit zwei Monaten vorbei.

Ferne Schüsse am Dorfeingang, Panzer brummten über die Felder. Wie ein Lauffeuer verbreitete es sich: Die Russen kommen! Schließlich fragte ein erfahrener Frontsoldat, von denen hatten wir ja den Pfarrhof voll, mal nach: rote oder weiße Sterne an den Geschütztürmen? Weiße! Jubel brach aus – und am lautesten jubelten die Soldaten. Reste einer Instandsetzungseinheit auf dem Rückzug, die sich unter Hinterlassung ihres Fahrzeugs und zum Teil auch ihrer Uniformen rasch verkrümelte, statt sich beim angegebenen Sammelplatz auf einer nassen Wiese am Ortseingang einzufinden. Nur einer wollte unbedingt bis zum Endsieg kämpfen, ausgerechnet ein früherer Konfirmand meines Vaters, den es, wer weiß wie, hierher verschlagen hatte. Kein Zureden half, also schmierte Mutter ihm Schmalzbrote.

Mutters Tagebuch:

„Unsere Damen machen in der Vorlaube
Schmalzbrote und Tee für alle, die kommen."

Die Tage davor hatten wir – angeregt von der allgemeinen Unruhe – mit halbherzigen Überlegungen verbracht, ob wir wieder unsere Sachen packen und, sei es zu Fuß, nach Hamburg weiterziehen sollten. Dort hatte Vater eine Schwester. Ich habe dringend davon abgeraten, weil ich um die Klapprigkeit unserer beiden durch den Transport des halben Schweins bereits stark lädierten Kinderwagen wusste. Mit der Ankunft der Amerikaner schien die Sache erledigt. Wir waren ja im Westen. Pustekuchen. Im Juli kamen die Russen. Wir wurden eingetauscht gegen ein Stück Berlin.

Die Amis waren freundlich, besonders zu Kindern.

Mutters Tagebuch:
„Die Amerikaner machen einen guten
Eindruck. 11 Mann von der M.P. kommen ins
Konfirmandenzimmer, groß, sauber, kinderlieb.
Wir essen allerlei amerikanische Konserven und
viel Butter."

· Wir Kinder, die wägnersche Viererbande, und die anderen Dorf- und Flüchtlingskinder lungerten in den Ami-Depots herum. Da gab es Berge von Weggeworfenem, Verbeultes, Angestoßenes. Und wir durften davon nach Hause tragen. Der eine oder andere GI spendierte auch mal einen Kaugummi. Kinderglück. Übrigens, Kippen haben wir natürlich auch gesammelt. Eine Streichholzschachtel von ausgepultem Kippentabak brachte uns, ich weiß nicht mehr was. Aber er war schon sehr wertvoll.

Die Briten, die nach Wochen die Amerikaner ablösten, hatten in ihrer kurzen Zeit keine Besatzung im Ort, nur ein Offizier kam einmal die Woche, um auf der Kirchenorgel zu spielen. Mein Vater musste ihm jedes Mal aufschließen und – wie mir jetzt einfällt – den Blasebalg treten. Als Reparationsleistung sozusagen.

Und wie waren die Russen?

Mutters Tagebuch:

„Die Russen haben uns viel Unruhe gemacht, und es war gar nicht nötig gewesen." Punktum!

Also, die Russen, die in langen Zügen von Panjewagen durchs Land zogen, hatten keine Berge von Weggeworfenem, sondern selbst nichts. Aber wenn wir uns auf ihren Rastplätzen zur Essensausgabe aus großen Kesseln über offenem Feuer unter die Soldaten schmuggelten, bekamen wir manchmal sogar einen Schlag Borschtsch oder was immer das war.

Die Engel auf dem Kirchdachboden

Wir waren im Pfarrhaus einquartiert, und der Pfarrgarten war die uneinnehmbare Festung des Pfarropas, dicke Mauern, verrammelte Türen. Und er gab – sozusagen ein Anti-Ribbeck – nichts heraus, keinen Apfel, keine Birne, nichts. Da haben wir also einen mit einer Kalaschnikow behängten Rotarmisten bei der Hand genommen, und der hat uns, sozusagen mit vorgehaltener Waffe, besatzungsamtlich erlaubt, die Festung einzunehmen und uns zu bedienen. Wir haben den fremden Mann geliebt – und der Opa hat uns gehasst.

Und dann gleich noch ein Russenerlebnis, eines, bei dem uns dann doch mulmig wurde. Wie stromerten mal wieder durchs Dorf und trafen auf eine Russenpatrouille, die gerade Rast machte. Ein halbes Dutzend Muschkoten und ein Offizier zu Pferde. Und was für ein Offizier: ein Mongole wie aus dem Dschingis-Khan-Bilderbuch. Er sah meine kleine Schwester, deren breite Wangenknochen zugegeben etwas Mongolisches hatten, zog sie auf sein Pferd und sagte, er würde sie mitnehmen. Wir drei anderen Wägners hingen uns heulend an seine Stiefel: Nein das dürfe er nicht, sie sei doch unsere Schwester. Na gut, die Sache löste sich schnell in Wohlgefallen auf, die Truppe lachte. Aber uns saß der Schreck tief in den Gliedern. Kindergeschichten, klar. Aber so etwas vergisst man nicht.

Im Übrigen hatten wir das Glück, einen blutjungen Ortskommandanten im Dorf zu haben, der seine Soldaten im Zaum hielt und für Ruhe und Ordnung sorgte. Bis er eines Tages mit seinem requirierten Motorrad schneidig um die Dorflinde kurvte, voll auf die Nase und damit fürderhin ausfiel. Ehre seinem Angedenken.

Aber gab es denn auch da gar nichts Schreckliches, Schlimmes, gewissermaßen der allgemeinen Weltlage Entsprechendes?

Doch, die Tochter vom Bauern rechts neben uns hat sich zu unserem und aller Leute Entsetzen im Dorfteich ertränkt – aus Liebeskummer. Den gab es offensichtlich auch im Schicksalsjahr 1945.

Mutters Tagebuch:
„Allmählich lernen wir die Hausbewohner kennen. Die weiche, aber zurückhaltende

Pfarrfrau, das kleine, hinterhältige Pflegekind
Eka, den Opa Dose, etwas hart und grummelig,
aber willig. Oben die beiden Missionarinnen, die
Fräulein Klitzing und Goldbeck."

Zu den Leuten im Haus möchte ich schweigen.
Der Opa hat uns Furcht eingeflößt, und die beiden Missionarsfräulein waren schlichtweg die Pest.
Sie waren es auch, die später die Angst vor den
Russen schürten. Unter dem Ziegenstall gab es einen Kohlekeller mit einem schrägen Schüttschacht.
Sie hatten vor, sich dort zu verstecken, und ich
musste herausfinden, ob man durch den Schacht
wieder ins Freie kommt. Es war rußig, spinnwebenschrecklich und natürlich völlig sinnlos. Ich hätte
im Notfall durchgepasst, aber die beiden dicken
Damen doch nicht.

Ihre nächste Schnapsidee war – ich greife jetzt
etwas vor bis Juli –, sich auf dem Kirchenboden zu
verstecken, wenn die Russen kämen. Auch dreckig,
auch spinnwebeneklig. Aber als die ersten Russen
am 15. Juli im Dorf auftauchten, hatten die zwei die
gesamte Weiberschaft über eine schmale, wacklige
Holztreppe dorthin hochgescheucht und ein paar

ausrangierte Grabengel, die auf dem Boden herum-
standen, an den Treppenabsatz gewuchtet, um sie
auf die anstürmenden Sowjetarmisten zu werfen.

Wir Kinder fanden das schwachsinnig und ent-
wischten auf die Dorfstraße. Als die erste Patrouil-
le der Kosaken angeritten kam, begrüßten wir sie
freundlich und zeigten ihnen, wo es Wasser und
Heu für ihre Pferde – es ging immer um Pferde –
gab. Dass sie später mit den Armen voller Bettwäsche aus dem Haus kamen und der eine neben dem
Bettzeug noch ein Paar neue Reitstiefel an den Fin-
gern hängen hatte, fanden wir eher komisch. Okay,
die Stiefel, aber wozu die Bettwäsche? Sie ritten
bald weiter – das war es dann auch für Tage oder
gar Wochen.

Das Verrückte an der Situation war nur, dass
sich das halbe Dorf an dem Tag buchstäblich in
die Büsche geschlagen hatte, und zwar mit Pferd
und vollgepacktem Wagen. Auch mein Vater hatte sich in die Furche eines Kartoffelackers gekauert
– wir wussten gar nicht, wie wir das finden sollten!
Und nun der Aberwitz: Es goss in Strömen, und
wir, die Dorfkinder, zogen los, unsere Leute zu su-

chen. Was nicht schwer war, weil die Fuhren hoch aus den Kornfeldern ragten und das Dorfvolk zudem einen solchen Lärm veranstaltete, dass man es meilenweit hörte. Wir gaben also Bescheid, es sind keine Russen mehr da, und die Karawane zog heimwärts, klitschnass und, wenn das Bild erlaubt ist, mit eingezogenem Schwanz. Man schämte sich. Und wir waren die Helden. Weil: Kindern tut man nichts!

Noch eine blamable Geschichte? Tage später zog ein betrunkener Zivilist mit einer roten Armbinde durchs Dorf, fuchtelte mit seiner Pistole herum und grölte, alle Nazis, Parteimitglieder oder Mitglieder faschistischer Organisationen sollten sich stante pede in die Schule begeben und auf den Abtransport warten. Und alle, alle gehorchten. Selbst unsere arme unschuldige Pfarrersfrau, die in irgendeiner Frauenschaft war, packte ihre Sachen und begab sich geduldig zur Schlachtbank. Die natürlich keine war. Der Krakeeler war längst weitergezogen, und es kam – nichts.

Im stickigen Schulraum dicht gedrängt die Erwachsenen, draußen vor den Fenstern wir Kinder.

Immer mit den neuesten Nachrichten: Er ist weg, es kommt keiner nach, die Luft ist rein. Erst zum Abendessen gingen die Leute wieder heim. Wieder blamiert.

Apropos Pistole, es gab natürlich auch brenzligere Situationen. Es schwirrte jener Tage ja nun alles Mögliche herum, Flüchtlinge, getürmte Soldaten, freigelassene Gefangene, Displaced Persons jeder Art und Herkunft. Alle waren sie gezeichnet, alle hatten Furchtbares hinter sich. Und einige spielten sich als die neuen Herren auf. Wir Kinder saßen in Nachbars Küche, als ein betrunkener Pole mit einer Pistole fuchtelnd hereinkam und plötzlich den großen Rächer gab. Einer von uns schlich sich hinaus und holte die Amis – wir hatten die Militärpolizei ja, wie gesagt, bereits im Haus. Die zog ihn recht geräuschlos aus dem Verkehr. Und wir hatten ein Abenteuer mehr zu bekakeln.

Ich könnte noch Dutzende solcher Kindergeschichten erzählen.

Die Freiheit im Chaos

Was ich im Nachhinein nur noch schwer begreife, ist, welche unglaubliche Freiheit wir Kinder hatten. Wir stromerten durch die Dörfer, besuchten Freunde, die mit ihren Pferdewagen ein Dorf weiter gezogen waren – und dort später alle jämmerlich an Typhus starben. Wir liefen kilometerweit zur Hauptstraße, wo die von den Tieffliegern zusammengeschossenen Fahrzeuge lagen, trafen später russische Reiterpatrouillen (unvergesslich in der Erinnerung: bei den Sowjetsoldaten, ob zu Pferde oder zu Fuß, klapperte immer irgendetwas: Kochgeschirr, Helm, Spaten – man hörte sie). Wir begegneten Gruppen von heimatlosen, hilflos umherziehenden ehemaligen Kriegsgefangenen, Zwangsarbeitern oder KZ-Häftlingen, etwas was wir überhaupt nicht begriffen. Wir wichen wild gewordenen Kuhherden aus, die brüllend über die Wiesen zogen, weil sie nicht gemolken wurden, hatten eine eindrucksvolle Begegnung mit einem bösartigen Bullen – und alles war Abenteuer, neu, aufregend, dramatisch. Wir rannten den ganzen Tag herum, wohl eher in Lumpen gehüllt, nehme ich mal an, barfuß und fühlten uns wie die Kleinen Strolche, die wir natürlich erst später kennenlernten. Weil wir den Ernst der Lage nicht begriffen? Logisch. Aber Herren unserer Lage waren wir immer.

Sogar bei der Ernte mussten und durften wir helfen. Männer waren kaum noch da, nur Alte, Kriegsgefangene und eben Kinder. Also halfen wir, hoch auf dem Leiterwagen das Heu zu stapeln, so dass die Ladung nicht verrutschte und den Wagen umwarf.

Erstaunlich und heute nur schwer vorstellbar ist, dass wir Kinder in diesen turbulenten Zeiten vor nichts und niemandem je Angst hatten. Nie! Trotz Bomben und Granaten, trotz abgebranntem Elternhaus, trotz Flucht und Vertreibung, trotz Krieg und Kriegsgeschrei. Und das nicht, weil wir, bei einer Pfarrersfamilie naheliegend, besonders auf Gott vertraut hätten. Nein, wir Kinder glaubten einfach felsenfest daran, dass alle Soldaten, alle Menschen überhaupt, Kindern nichts tun.

„*Kinder*", heißt es in dem Lied von der Belagerung der Stadt Naumburg durch die Hussiten, das mein Vater so gern zitierte,

„Kinder, sprach er"
(der Naumburger Schullehrer),
„ihr seid Kinder,
unschuldsvoll und keine Sünder;
ich führ euch zum Prokop hin,
Der wird nicht so grausam sin,
euch zu massakrieren".

Und so sind wir denn in jenen wirren Tagen und Wochen Freund und Feind begegnet: unschuldsvoll.

Und der Hussitengeneral, ob all der Unschuld gerührt?

„Kirschen kauft er für die Kleinen,
zog darauf sein langes Schwert,
kommandierte: Rechtsum kehrt!
Hinterwärts von Naumburg!"

Uns hat kein Hussitengeneral Kirschen gekauft, wohl aber ein Rotarmist Äpfel und Birnen. Wobei „gekauft" wohl nicht ganz zutrifft. Requiriert hat er sie, sozusagen mit vorgehaltener Waffe.
Jedenfalls ist uns nie etwas passiert. Ganze Schutzengelgeschwader müssen über uns im Einsatz gewesen sein.

Und was – höre ich nicht nur die heutigen Helikopter-Mütter kreischen – war mit der Aufsichtspflicht, der elterlichen? Frei laufende Kinder, free wheeling, manchmal auch zu free, unbehütet, streunend, stromernd, tagelang nicht nach Hause kommend. Alles neu und aufregend findend. Darauf zugehend, es erkundend, vielleicht mit ein wenig Scheu, bereit, blitzschnell wegzurennen, wenn es brenzlig würde. Aber ohne Angst.

Um die Sache ein bisschen zu relativieren: Wir haben in all dem Trubel keine Toten von Nahem gesehen. Trümmer reichlich, von Tieffliegern zerschossene Militärfahrzeuge und Flüchtlingswagen, das große Chaos auf der benachbarten Durchgangsstraße nach Westen. Aber Tote nie. Keine Verwundeten, keine Leichen außer denen, die vom Untergang des KZ-Schiffs „Cap Arcona" an den Ostseestrand gespült wurden, just als wir beim Baden waren.

ZUR LAGE: DIE „CAP ARCONA"
Am 3. Mai versenkten britische
Bomber in der Lübecker Bucht das

ehemalige Flaggschiff der Hamburg-
Südamerika-Linie, den Luxuskreuzer
„Cap Arcona". An Bord: 4600
KZ-Häftlinge, hauptsächlich aus
Neuengamme, die von der SS wer weiß
wohin abtransportiert werden sollten,
dazu Hunderte Soldaten.

Wahrscheinlich wäre unser Kinderglaube bei genauerem Hinsehen schon ins Wanken geraten. Und wenn die Bombe, die da riesengroß auf uns zuschaukelte – meine Schwester und ich lagen flach im Straßendreck und warteten auf den Knall –, wirklich eine Bombe gewesen wäre und nicht der Zusatztank einer Messerschmitt 109, der scheppernd aufs Pflaster krachte, dann würde ich das hier nicht schreiben. Ich wäre tot – wie sechzig Millionen andere auch. So war es aber nicht.

Und damit erübrigt sich die Frage, ob man angesichts des unvorstellbaren Leids unzähliger anderer überhaupt berichten darf, ohne sich dem Vorwurf auszusetzen zu verharmlosen. Man darf vielleicht nicht. Ich darf. Es ist nun mal meine Geschichte.

Kindermund tut Wahrheit kund. Erinnerungen, im Guten wie im Bösen, mögen subjektiv sein, lückenhaft, vielleicht unangemessen angesichts der objektiven Ereignisse. Aber sind sie deshalb weniger wahr?

Und die Eltern, die eh schon von den Zeitläuften geplagten? Sie hatten auch ohne Aufsichtspflicht alle, aber auch alle Hände voll zu tun, allein um die zehn hungrigen Mäuler zu stopfen.

Mutters Tagebuch:

„In der winzigen Küche sind täglich
riesige Mengen Gemüse zu putzen, Reiser
herbeizuschaffen, zu brechen und zu verheizen,
Weißkäse zu machen, jede Woche einen
Waschkessel Wäsche zu waschen, aber mit Marias
fleißiger Hilfe lässt sich die Arbeit schaffen.
Jeden Abend sitzen wir vorm Haus im Grünen,
und ich schreibe Erinnerungen. Im September
verlässt mich Maria Richtung Berlin, und die
Arbeit nimmt überhand. Dazu Stromsperren
und qualvolles Arbeiten im Dunkeln. Schön
sind die Dunkelstunden mit den Kindern auf
dem Sofa sitzend. Was wir essen? Gemüse,

besonders Porree, Mangold, Sauerampfer,
Kartoffeln und Mager- oder Buttermilch. Wir
haben eine Molkerei im Dorf, die das beim
Buttern reichlich produziert. Zuerst hatten wir
noch Speck und Wurst von zu Hause, bei den
Amerikanern zeitweise viel Butter (Makkaroni
mit brauner Butter), aber der Kampf ums Brot.
Mal bringt Hans aus Dassow (10 Kilometer)
14 Brote, mal die Kinder (auch 10 Kilometer)
zwei riesige Würste. Sie waren ahnungslos beim
Pferdemetzger gelandet. Da musste man nicht
anstehen, und es gab doppelte Portionen. Zum
Herbst hin wurde es immer knapper, mal kein
Fett, mal kein Zucker. Selbst Salz fehlt.“

Kleine Einschränkung unserer großen Freiheit, ich habe es vergessen, aber meine Schwester hat mich daran erinnert: Wir Kinder, jedenfalls die drei großen, hatten durchaus Pflichten. Einen Tag frei, einen Tag Küche, einen Tag Kinder, also die Zwillinge hüten. Allein an das Kinderhüten erinnere ich mich. An wilde Wettrennen mit den zwei Kinderwagen den Kirchberg hinunter. Nichts ist den Kleinen passiert. Nichts Ernstes.

Diphtherie – Schatten über der Idylle

Womit wir bei den Krankheiten wären.

Mutters Tagebuch:

„Am schlimmsten war die Diphtherie, mit der Dörte anfing. Schwester Else fuhr mit ihr im Pferdewagen zum Krankenhaus. Mit Bangen warteten wir draußen im Mondschein auf die Rückkehr und waren froh, als Dörte nicht dabehalten wurde, sondern wieder mitkam. Auch Marlene erkrankte leicht, und Vater pflegte die beiden, bis auch er sich angesteckt hatte. Ich durfte nur am Fenster mit ihnen sprechen."

Ergänzung eins: Die kleine Dörte wurde gerettet, weil ein Junge im Dorf, der schon mal Diphtherie hatte, Blut spendete. Ergänzung zwei: Die ganze Bande bekam vom Baden im Dorfteich, in dem gerade in jenen Tagen alles Mögliche, zum Beispiel Munition, verschwand, ekligen Hautausschlag. Die Pusteln wuchsen Ring für Ring und waren schließlich groß wie Fünf-Mark-Münzen.) Kriegskinder-Kollateralschäden.

Wir haben sie nicht so ernst genommen.

Apropos Munition: Wir waren verrückt danach. Gewehrmunition klopften wir vorsichtig an einem Stein auf, bis das Geschoss herausfiel und wir das Pulver hatten. Noch kostbarer war die Leuchtspurmunition, die farbigen Kapseln. Und am wertvollsten waren Pak-Granaten, die auf der Straße der Zerstörung lagen. Man konnte sie aufschrauben und hatte ein ganzes Säckchen voll Pulver. Was wir damit machten? Kleine Feuerwerke. Spuren aus Schwarzpulver legen, dazwischen die Leuchtspurkapseln platzieren und das Ganze anzünden. Das war ein Spaß – bis uns eines Tages ein Ami-Offizier erwischte und uns gehörig die Leviten las.

Mein persönlicher Gefahrenhöhepunkt war – ohne dass ich es wusste, versteht sich – ein Bündel nasser Zünder für Stabhandgranaten, die ich auf den Herdsims zum Trocknen deponiert hatte. Meiner Mutter wusste auch nicht, was das ist, hat es aber schleunigst entsorgt. Wie war das mit den Schutzengeln?

Das Ende der Freiheit

Und dann war der Sommer unserer Freiheit – keine Schule, keine Aufsicht, keine Verbote – auch schon vorbei. In unserem alten Dorf wollte der neue kommunistische Bürgermeister keinen Pfarrer mehr haben, schon gar nicht einen mit sechs Kindern: „Ja, Herr Paster, nu is alles ängersch, wie bruken nu keen Priästa mehr."

So landeten wir in Berlin-Spandau. Was sich als großes Glück herausstellte, denn Spandau gehörte zum britischen Sektor und öffnete uns sozusagen das Tor zur Freiheit. Um ein Haar wäre es ganz anders gekommen.

Mutters Tagebuch:

„Hans ist nach Spandau gefahren, weil er
dort eine neue Pfarrstelle gefunden hat. Als er
zurückkommt, geht alles in großer Eile. Den
letzten Sirup kochen, in 4 Tagen Waschen,
Plätten, Nähen, alles auf Marken kaufen,
was es noch gibt. Koffer und Säcke packen und
verschnüren, Geborgtes zurückgeben, Abschied
nehmen. Tante Gertrud hilft und bleibt mit Peter

und dem letzten Gepäck zurück. Wir fahren
mit Heinis Wagen und mehr Gepäck, als wir
schleppen können, bis zur Chaussee, von da im
Omnibus bis Wismar. Hier müssen wir leider bis
zur Nacht warten, nein, bis zum Morgen. Im
Wartesaal die ganze Nacht nie erlebtes Gedränge.
Große Sorgen um das Mitkommen, aber Mutter
und Kind dürfen zuerst rein."

„Tante Gertrud bleibt mit Peter zurück", um den
verdammten Sirup mitzubringen, zwei Marmelade-
neimer voll, bleischwer, mit dünnen Drahthenkeln,
die ganz tief ins Fleisch der Hände einschneiden.
Die Horrorfahrt nach Berlin ist meine Schlussge-
schichte, ausschließlich meine – und Tante Ger-
truds, unserer Kindergärtnerin, die mit uns gezogen war, ein Mädchen von vielleicht zwanzig Jahren. Gott segne sie.

Da war nichts mit Frauen und Kinder zuerst.
Wir landeten zusammen mit einem ehemaligen
Soldaten im Bremshäuschen eines Güterwagens.
Die Fenster waren kaputt, die Tür schloss nicht,
wir mussten aufpassen, nicht herauszufliegen – und
froren, froren, froren zum Gotterbarmen. Auf mei-

nen Händen entdecke ich heute noch die Spuren der Frostbeulen, die mir diese Nacht in die Finger gefräst hat.

Aber irgendwie ging es weiter Richtung Berlin, der neuen Heimat zu. Und irgendwie kamen wir auch an, nachts um zwei in Berlin-Spandau, so wie mir das eingebläut worden war. Brav fragten wir den Stationsvorsteher nach der Jägerstraße 45, wo die Großmutter wohnte. Jägerstraße? Da müsst ihr wieder in die S-Bahn einsteigen und bis Berlin-Mitte fahren. Dort ist die Jägerstraße. Wir, völlig erschöpft, fragten nicht weiter nach, sondern fuhren – direkt in unser Unglück.

Die Landung auf dem Mond

Zum 70. Jahrestag des Kriegsendes sieht man jetzt ja wieder viele Bilder des zerbombten Berlin. Außer Ruinen war einfach nichts mehr da. Es gab Straßen, es gab ein paar Straßenschilder, und es gab hin und wieder sogar eine Straßenlaterne. Aber es gab keine Häuser mehr, gar keine. Wir irrten durch eine Mondlandschaft und das im Mondschein, kein Mensch weit und breit; mal huschte ein Schatten an uns vorbei, sonst nichts. Gespenstisch, gruselig und absolut zum Verzweifeln. Zumal, wenn man zwei zentnerschwere Sirupeimer zu schleppen hatte. Einer der Schatten nahm sich unseres Elends an und schickte uns gegen vier Uhr früh in ein „Hotel", wo wir Unterkunft fanden, am Morgen sogar eine Art Frühstück bekamen. Und schon ging die Sucherei wieder los. Wir fanden die Jägerstraße, die Nummer 45 und einen Opa, der in den Trümmern hauste. Von einer Mitbewohnerin Wiesner, so der Name unserer Oma, hatte er noch nie gehört. Also, wo wollt ihr genau hin? Ich ratterte los: Berlin-Spandau, Jägerstraße 45. Ja, du lieber Gott.

Dann müsst ihr nach Spandau fahren. Dies hier ist Berlin-Mitte.

Nun gut, wir sind schließlich angekommen, mitsamt unseren Sirupeimern. Aber von Berlin hatte ich die Nase voll – und das ist lange so geblieben. Mit der 45er-Freiheit war es vorbei, wir wurden domestiziert. Aber das ist eine neue Geschichte.

In Berlin geht's weiter

Zehn Jahre Berlin, vor, während und nach der Blockade, den Stromsperren, dem Hungern und dem Frieren. Auch das haben wir Kinder als gar so schlimm nicht empfunden. Es gab zwar nicht viel auf Karten, aber alles war wohl organisiert. Und zu Hause hat die Mutter dafür gesorgt, dass alle irgendwie satt wurden. Oder der Mangel wenigstens gerecht verteilt wurde. Wir Kinder rissen uns darum, wer den Kochtopf auskratzen durfte – ein paar Löffel extra. Brot wurde grundsätzlich zu Suppe verarbeitet, weil das die Mägen besser füllte. Raucherkarten tauschte man gegen Brotkarten, um die Rationen aufzubessern. Und es gab sogar Tage, erinnert sich jedenfalls meine Schwester, an denen wir gar nichts zu essen hatten und als Ausgleich nicht zur Schule mussten, sondern im Bett bleiben durften.

Wir haben es überlebt, schließlich gab es ja noch die wunderbaren Care-Pakete aus Amerika. Auch da war die Verteilung bestens organisiert. Aber der Pfarrer, der die Briefkontakte zu den Spendergemeinden „drüben" pflegte, war mit seinen nunmehr sieben kleinen Kindern natürlich etwas gleicher als gleich. Wir merkten es an der Unmenge von Wollsocken, die rührige US-Omas für uns strickten – endlos lange Schläuche, bei denen der rechte nicht wusste, was der linke tut.

Egal, wir waren dankbar, sehr dankbar.

Und in der Schule gab es die Schulspeisung, in meiner Erinnerung eher britisch geprägt – Spandau lag im britischen Sektor. Gelber Grießbrei mit Rosinen. In den Dosen aus Amerika waren auch Rosinen, aber der Rest soll süßliches Pferdefleisch gewesen sein. Wurde uns erzählt. Und erst der Büchsenkäse! Herrlich.

Man muss sich Berlin, wo wir im Dezember 1945 landeten, ungefähr so vorstellen wie zur Stunde null im Mai. Sicher, die Straßen waren freigeräumt und befahrbar, auch manche Straßenbahn fuhr wieder, wenn ihre geborstenen Fenster auch oft mit Pappe verklebt waren, aber ansonsten: Trümmer, Schutt, Asche und verhuschte Menschen. Überall Trümmerfrauen, die, von Zusatzrationen befeuert, fleißig Steine klopften. Und wir Kinder mussten auf dem

Schwarzmarkt die letzten Pretiosen verhökern, die unsere Eltern auftreiben konnten. Für Kartoffeln und Heringe, wenn ich mich nicht täusche.

Die Erinnerungen sind unscharf. Ein schlechtes Gewissen jedenfalls hatten wir wegen unserer Schwarzmarktaktivitäten nicht. Beim Vater, dem Pfarrer, war das schon etwas anderes. Aber wir erledigten das.

Nur die Stromsperren nervten. Jeden Tag stand im „Spandauer Volksblatt", welche Planquadrate Licht hatten. Ich glaube, wir waren G7. Unser gesamtes gesellschaftliches Leben richtete sich nach dem Licht. Schularbeiten, Lesen, Radiohören, einfach Beisammensein. Heute bei Müllers, morgen bei Meiers, wobei in unserem Beritt alle irgendwas mit Kirche zu tun hatten: Diakon Müller, Religionslehrerin Meier und ihr frömmelnder Nachwuchs. Was uns natürlich gar nicht behagte. Und doch waren wir dankbar. Kalt ist schlimm, kalt und dunkel aber ist fürchterlich.

Mit Karbid gegen die Dunkelheit

Weswegen wir mit Karbid dagegen angingen. Man kann sich das heute nicht mehr vorstellen. Auch ich kriege das nicht mehr so genau zusammen und verweise auf einschlägige Erklärungen im Internet: „… kann es vorkommen, dass die Dichtung zwischen Karbidbehälter und Wassertank undicht ist. Dadurch kann Gas ausströmen und sich um den Rand herum entzünden. Abhilfe: auf den Boden fallen lassen". Wir haben öfters unter dem Tisch gelegen, und über uns zischte, brodelte und stank (!) das Gas in der umgebauten Granatenkartusche. Egal, auch da ist nichts passiert.

Konjunktur hatten die Detektorradios. Ein feiner Draht wurde so über ein Stück Kohle geführt, dass plötzlich Musik aus den Kopfhörern, lauter ausrangiertem Militärzeug, erklang. Nie in meinem Leben habe ich wieder derart intensiv Radio gehört. Friedrich Luft: Die Stimme der Kritik in RIAS. Mein Eintritt in die Gedankenwelt der Erwachsenen. Politik, Kultur, Bücher, Theater.

Die Familie, mittlerweile um drei auf sieben Kinder gewachsen, im Nachkriegsberlin. Alles ist glücklich überstanden. Wir sind im Westen gelandet, aus Versehen oder dank göttlicher Fügung. Es geht voran. Die Stadt hat uns eingefangen, domestiziert, wir lassen uns wieder fotografieren.

Zurück zu den „Gefahren". In einem Fernsehbericht über die Balkankriege habe ich vor Kurzem gesehen, wie in Lumpen gehüllte Kinder in den Ruinen Zagrebs spielten. Barfuß. Welch ein Skandal, tönte die Sprecherin, welch eine Verrohung, welch eine Unmenschlichkeit! Wir haben lange Jahre zwischen Trümmern gespielt. Sind über die Restmauern der zerbombten Häuser balanciert. Haben aus Trümmersteinen Burgen oder was weiß ich gebaut. Glückliche Kindheit. Ich bin sogar ins Gymnasium barfuß gegangen. Das war weit bequemer als in den unförmigen, mit Rollobändern zusammengenagelten Holzlatschen. Alles ist relativ. Solange die anderen auch keine Schuhe haben …

Angegeben haben wir mit irgendwelchen Uniformteilen, egal ob Ami oder Wehrmacht. Das Land war überschwemmt davon. Kleider, Kochgeschirre, Decken, Spaten, Kochtöpfe aus Stahlhelmen. Waffen zu Pflugscharen. Die ruhmreiche Vergangenheit musste ja aufgetragen werden. Aber das Obercoolste waren Kreppsohlen, amerikanische Schuhe mit fingerdicken, weichen Kreppsohlen. Wer an der (Spenden-)Quelle saß, hatte Heimvorteil. Ich habe den ungeniert genossen. Ein langer, schwerer, grüner Armeemantel mit hochzuschlagendem Kragen und die Kreppschuhe. Das war Glück. Im Winter, versteht sich. Als wir selbstverständlich Briketts mit in die Schule bringen mussten, um das Klassenzimmer zu heizen. Auch meine ersten Theaterbesuche wurden mit Kohle bezahlt. Echter Kohle.

Was alles nichts daran änderte, dass wir Kinder nach dem Jahr der 45er-Freiheit nun in der Falle saßen; der Falle der kinderfeindlichen Großstadt, der kinderfeindlichen   Vier-Zimmer-Etagenwohnung am Lutherplatz, deren Fenster teilweise noch mit Brettern vernagelt waren. Viereinhalb Zimmer bei sieben Kindern und einem „Dienstmädchen", wie es damals hieß. Sie war irgendwann aus den Weiten des Ostens zu uns gestoßen, hieß Hedwig und verbesserte ihre Russischkenntnisse „drüben" in einem sowjetischen Offizierskasino. Es ging so lange gut, bis einer der Rotarmisten in der Mädchenkammer auftauchte. Trotzdem, das Stichwort bleibt „Falle". Und damit meine ich nicht einmal die doppelstöckigen Luftschutzbetten, in denen meine Schwestern noch bis zum Abitur schliefen. Auch nicht die Wanzen, die wir mit zwei Beuteschränken von irgendwo in unser trautes Heim eingeschleppt hatten und die sich selbst mit den übelsten Tinkturen nicht vertreiben ließen. Läuse? Bei fünf Mädchen mit langen Zöpfen? Da gab es ein weißes, beißend riechendes Pulver, das in die Haare geschmiert wurde. Vergiss es! Gebadet wurde samstags. Der Badeofen wurde mit Holz befeuert und lieferte Wasser für genau eine Wanne voll. Bei inzwischen sieben Kindern – ein Bruder war hinzugekommen.

In der Falle saßen wir, weil wir domestiziert wurden, und sei es durch Läusepulver und samstäglichen Badezwang. Hatten wir in Mecklenburg eine Badewanne? Was trugen wir da für Kleider am Leib? Was für Schuhe? Haben wir uns überhaupt gewaschen? Vorbei jedenfalls der schöne Schlendrian.

Wir waren im Dorf bis auf einige Wochen Unterricht mit einem Lehrer, der ein paar Brocken Russisch, aber sonst gar nichts konnte, ein Jahr nicht zur Schule gegangen. Das verursachte große Schwierigkeiten bei der Wiedereinschulung in Berlin. Ich lernte zwei Jahre Griechisch und Latein, wobei, was heißt „ich lernte", ich „hatte". Alles, um dann die Schule zu wechseln und zwei Jahren Französisch hinterherzuhecheln. Abiturnote vier minus. Ich will nicht übertreiben, aber ich wurde in der Zeit zum Duckmäuser, zum Stubenhocker, der nichts mit sich anzufangen wusste.

Die zweite Rettung – die Pfadfinder

Bis dann, tusch, trara, halleluja, die Pfadfinder kamen. Im Mai 1949 endete die Blockade, die sich seit Juni 1948 wie Mehltau auf die Stadt und auf unser Leben gelegt hatte. 1950 reiste ein westdeutscher Pfadfindermissionar an, um in Berlin eine Gruppe zu gründen. Mein Vater, ein alter Wandervogel, war von der Aussicht begeistert, uns auf den rechten Pfad zu führen. Es kamen auch ein paar Jungen zusammen. Heimatabende, Bibelstunden, alles brav, alles bieder, alles bürgerlich unter dem Dach der Evangelischen Jugend: Nach einem Jahr haben wir den Westdeutschen rausgeschmissen. Jugendrevolte anno 1951. Angefacht, zugegeben von mir.

Ja, wie soll ich das erklären? Es gibt Bibliotheken voller Bücher über die Jugendbewegung. Ich fasse mich kurz und respektlos. Die gesamte Jugendbewegung von ganz links bis ganz rechts, durch die Bank vom Lebensreform- und Umbruchfieber besessen, hatten die Nazis 1934 in die HJ überführt. Mit all ihren Führern und Fürsten, ihren Gurus und Quartalsirren. Von ihnen waren die meisten im Krieg gefallen, sei es bei der Waffen-SS, sei es im Widerstand. Die wenigen, die der Hölle entronnen waren, versuchten nun, zwölf Jahre später, den alten Traum von der bewegten Jugend neu zu träumen. Die Freiheit dazu hatten sie jetzt, was sie brauchten, waren Jungen. Und die Jungen waren wir, Zehn-, Fünfzehnjährige, die erste „jugendbewegte" Nachkriegsgeneration.

Kurios an der Geschichte ist, so sehe ich das, der immerhin von Anfang an dabei war, dass unsere Pfadfinderzeit gewissermaßen eine Fortschreibung der Zwanzigerjahre war.

Wir lasen, nein, wir inhalierten die alten Zeitschriften und Bücher, wir sangen die alten Lieder, wir lebten die alten Träume, gingen mit dem „Affen" auf dem Rücken, mit Militärtornistern und -Zeltbahnen auf große oder nicht so große Fahrt – Westdeutschland war selbst nach der Blockade noch weit weg. Erst als wir uns zum Studium abmeldeten, brach diese Nachgeburt der Jugendbewegung zusammen, wurde durch Neues abgelöst. Erst dann wurde es politisch.

„Trommeln und Fanfaren, lauter, wilder Schrei, tausend Jungen ziehen vorbei. Über ihnen weht wie eine Flamme die Fahne." Größenwahn war nicht der einzige Wahn, der uns antrieb – aber schön war es schon. Und geschadet hat es auch keinem.

Waren wir als Schüler politisch? Ganz sicher nicht. Wir zogen, nur fünf Jahre nach Kriegsende, mit Trommeln und Fahnen durch Spandau. In Uniformen, die sehr an die HJ erinnerten: kurze Leder- oder Cordhose, graues Hemd, Abzeichen auf der Brust. Und sangen „Über ihnen wie eine Flamme die Fahne". Faschismus? Kaum. Unsere Hausdichter waren Tucholsky und Ringelnatz, Christian Morgenstern und Karl Kraus, aber auch Walter Flex und Ernst Jünger, unsere Weltsicht, zusammengestoppelt aus Pfadfinder- und Jungenschaftsbüchern der Zwanzigerjahre. Zur Erklärung: Die Pfadfinder waren immer die braven, die Jungenschaftler die wilden – wir trugen überm Pfadfinderhemd die Jacken der Jungenschaft, waren heimliche Rebellen. Wie das geht? Gar nicht. Aber das machte uns nichts. Wir hielten es mit Pippi Langstrumpf, schufen uns die Welt, widdewidde, wie sie uns gefällt. Es ging um die Eroberung kleiner Freiheiten, etwa nachts im Wald herumzustromern, was im Russen-hysterischen Berlin schnell die Polizei auf den Plan rief. Nächtlicher Anruf bei meinem Vater: „Herr Pfarrer, wir haben hier zwanzig

Jungs aufgegriffen. Sie berufen sich auf Sie. Können wir sie laufen lassen?" Wir kämpften für das Recht, am Lagerfeuer zu sitzen („Feuer machen verboten!"), auf „große Fahrt" zu gehen und eben durch die Stadt zu marschieren. Und wenn die Leute darob in Ohnmacht fielen, war es uns recht. Wir fühlten uns dabei wie Joseph aus der Bibel in dem alten Pfarrerswitz: Wer war der erste Offizier? Joseph. Er trug einen bunten Rock und dünkte sich mehr als seine Brüder.

Was haben wir für Kämpfe ausgetragen, ob die Halstücher nun blau wie im Westen oder schwarz wie in Berlin zu sein hatten. Und was waren wir kreativ, haben gemalt, gedichtet, gesungen, haben Ausstellungen gestaltet – und haben uns dabei ständig mit den kirchenbehördlichen Jugenddiakonen gestritten. Einen evangelischen Orden wollten die gründen, bei einer Tagung auf der Burg Ludwigstein im Hessischen. Weil sie merkten, dass ihnen die Jungs mit dem Studium entwuchsen. Wir haben ihnen was gehustet. Und weg waren wir.

Zum Abschluss gab es noch eine Wanderung durch den Spessart, bei der ein paar unserer Spandauer Jungs den „Freien" von der Konkurrenz in einem größeren Pfadfinderlager nachts noch mal die Fahne vom Mast holten. Danach haben wir uns verabschiedet und sind in verschiedene Richtungen getrampt. Das war's dann. Und das war auch gut so.

Ich will die Sache nicht nachträglich banalisieren, höchstens den ideologischen Überbau, den uns unsere Pfadfinderhäuptlinge predigten. Wir fühlten uns toll, wir waren toll. Wir waren begeistert – und wir waren beschäftigt. Die Schule beispielsweise, das war unser Credo, war nicht zur Erziehung da, sondern um etwas zu lernen. Es gab einige ganz frisch entnazifizierte Lehrer, wir verachteten ihr Gelaber. Nur ein Klassenlehrer hatte unseren Respekt, weil er der letzte Kommandant des Flugplatzes Gatow gewesen war – und unser Rektor, der hatte unter Adolf eingesessen.

Es war eine schöne und wilde Zeit, und natürlich kamen Schule – von der damals üblichen Tanzschule gar nicht zu reden – und Elternhaus zu kurz. Weswegen es darüber auch wenig zu berichten gibt. Während ich von den Pfadfindern stundenlang erzählen könnte. Ich war 1952 in der deutschen Delegation auf dem ersten Weltpfadfindertreffen nach dem Krieg in Bad Aussee. Wir waren sogar – kurios, kurios, aber so war das damals in Berlin – die „Mitbegründer" der Welttourismusmesse ITB, die als vom Senat gesponserte Ausstellung für Jugend und Camping begann. Wir hatten zwei unserer schwarzen Lappenzelte aufgebaut und machten in unseren Uniformen am Lagerfeuer auf Völkerschau – wie dereinst bei Hagenbeck.

Indianer spielen im Schlosspark

Wir hatten ja immer Ärger mit der Enge im einge-schlossenen Berlin. Nicht, dass wir nicht auch mal raushätten können, in den Westen, der vom Se-nat mit einer Art Kinderlandverschickung bespielt wurde, oder sogar mal in die „Zone". Es gab dort kirchliche Einrichtungen mit riesigem Grundbe-sitz, wo wir zelten und Feuer machen durften. Aber der Osten an sich war illegal und gefährlich. Und ich träume heute noch von DDR-Grenzern, die uns verhaften.

Also kampierten wir vornehmlich im Glienicker Schlosspark, der vom Senat für die zeltende Ber-liner Jugend (halbwegs) freigegeben war.

War es uns da zu voll, fuhren wir an den Grieb-nitzsee. Das war eine der vielen Berliner Merkwür-digkeiten, ein Waldgebiet, das im Westen lag, aber zur Schutzzone der sowjetischen Kommandantur in Babelsberg gehörte und von russischen Solda-ten gesichert wurde. Die hatten nichts gegen uns, schauten nur ab und zu mal freundlich ins Zelt hin-ein. Wieder das vertraute Klappern! Und der Westförster hatte das Nachsehen. Aber das Schönste war, dass die Soldaten die Nächte durch an großen Lagerfeuern saßen, die man von ferne leuchten sah, und sich ihre russische Seele aus dem Leibe sangen.

Und die Familie, die Schule, das ganze Gedöns?

Wir sind zweimal umgezogen, zunächst in ein aufgelassenes Flüchtlingslager, bevölkert von Fußkranken der damaligen Völkerwanderung. Mein Vater sollte dort eine neue Kirchengemeinde aufbauen. „Zuflucht" ihr programmatischer Name. Wir erhielten eine halbe Baracke als Wohnung und waren selig. Platz und rundum nichts als märkischer Sand. Ich konnte aus meinem Fenster direkt hineinspringen. Mit den Leuten kamen wir prächtig aus. Zumal es einmal die Woche Micky-Maus-Kino in ihrem Gemeinschaftssaal gab – nicht in der Kirche! Wir bauten die Kirche, auch eine Baracke, aus und bekamen dort unser Pfadfinderheim. Die Weichen waren gestellt. Es fügte sich. Auch für die Geschwister, die großen und kleinen. Bleibende Erinnerung: Unsere beiden Kleinen, nun auch schon ein paar Jahre älter, liegen müde gespielt im warmen Sand und beschimpfen sich.

„Du bist aber doof!"

„Du bist aber noch viel doofer."

„Nein, du bist ..."

Stundenlang. Freiheit, Kinderglück, da draußen im märkischen Sand des Barackenlagers, gab es das wieder.

Ein Jahr vor dem Abitur zogen wir dann leider in eine Villa am feinen Schlachtensee. Mein Vater war zum Rektor eines Religionslehrer-Seminars avanciert. Eine bessere Gegend, die Zeiten waren ja auch besser geworden. Entsprechend weigerte ich mich, als mich meine Mutter zum Schlachter schickte, um ein halbes Pfund Gehacktes zu holen. Ein halbes Pfund für zehn Personen. Es war mir zu peinlich. Über Mutters Kochkünste schweige ich. Es gab – nicht nur in diesem Fall – Berge von Stampfkartoffeln, die in einem Meer von graubrauner Sauce schwammen. Darin wie Ertrinkende eine Handvoll Hackkügelchen. Wir waren alle gertenschlank.

Ich erzähle es nur, um die Familie nicht ganz zu vergessen.

ZUR LAGE: DIE BLOCKADE
Die sowjetische Blockade vom 24. Juni 1948 bis zum 12. Mai 1949

verhinderte, dass irgendetwas nach
Westberlin reinkam, nicht aber,
dass wir Westberliner unbehelligt
rauskonnten, etwa nach Ostberlin.
Und wir Helden der freien Welt haben
das heftig zu unserem Vorteil genutzt.
Als spannende Bereicherung unseres
eh schon turbulenten Ost-West-
Zusammenlebens. Es blieb dabei – mit
zunehmenden Einschränkungen –,
bis am 13. August 1961 die Mauer
hochgezogen wurde.

Spannend und mit vielen Erinnerungen besetzt
war, dass wir auch während der Blockade „rüber"
nach Ostberlin konnten.

Wir gingen zum Friseur und ließen uns die Schuhe besohlen, kauften nicht nur Brot und Marmela-
de, sondern auch Sammelbriefmarken (das war erlaubt) und Bücher (das war sogar erwünscht). Wir
gingen ins Theater zu Helene Weigel und Walter
Felsenstein (ebenfalls erwünscht), gönnten uns am
Bahnhof Friedrichstadt eine Bockwurst – und alles

bei einem Umtausch von eins zu vier, vier Ostmark für eine Westmark, manchmal gab es sogar sechs oder sieben. Als der „Missbrauch" derart überhandnahm, dass die Theaterbesucher aus dem Westen die Pausenklingel vor lauter Krimskoje ignorierten, wurde es strenger. So streng, dass man zum Schluss nur noch im Haus der deutsch-sowjetischen Freundschaft essen konnte, ohne den Ausweis vorzuzeigen. Immerhin, den Studentenausweis für den Lesesaal der Humboldt-Universität habe ich noch.

Es war vieles möglich, bevor die Mauer gebaut wurde. Und die Bürger der freien Welt („Schaut auf diese Stadt!") haben sich „drüben" großzügig zu ihrem Vorteil bedient. Übrigens habe ich die berühmte Ernst-Reuter-Rede vor dem Reichstag selbst mit angehört. Ich bin dafür extra „nach Berlin" reingefahren. Aber wir hatten einfach Angst. Aber das läuft schon unter der Überschrift Atomkrieg. Und hatte mit unserer Jugend nichts mehr zu tun. Die war vorbei.

„Wenn deine Frau ...", so eine der hirnrissigsten Weisheiten aus unseren Pfadfinderkalendern, „wenn deine Frau den Staub von deinen Fahrtenbüchern wischt, dann weißt du, dass du gestorben bist". Das hilft beim Erwachsenwerden. Aber das ist eine andere Geschichte.

Pfadfinder forever

Um noch einmal auf die Pfadfinder zurückzukommen. Fünfundfünfzig Jahre später reisten wir – ein guter Freund aus Pfadfinderjahren und ich – durch Schweden, landeten in einem idyllischen Landhotel am Ende der Welt, träumten auf der hölzernen Terrasse über dem See – und grämten uns, weil ein striktes Rauchverbot die Idylle trübte.

Plötzlich kam Hektik in die Szenerie: Bodyguards sicherten das Gelände, und eine Schar wohlgenährter Herren jüngeren bis mittleren Alters nahm die Anlage lautstark in Besitz.

Sie waren fröhlich, sie waren laut. Sie tranken keinen Alkohol, wenigstens das, sondern Orangensaft. Aber sie pafften dicke Zigarren, sodass der Wirt zerknirscht zu uns herüberkam: „Sie dürfen jetzt auch rauchen."

Des Rätsels Lösung: Die Führungsriege der saudischen Pfadfinderschaft gab sich auf dem Weltpfadfindertreffen 2011 im schwedischen Rinkaby die Ehre bzw. dem Wohlleben hin. Ihre Jungs schliefen derweil in zugigen Zelten auf der nassen

Festwiese. Und wir, den kurzen Hosen nun wirklich entwachsen, waren tief gekränkt. So etwas gehört sich einfach nicht. Als Pfadfinder.

Zur Person

Der Autor wurde als ältestes von sieben Geschwistern des Pfarrers Hans Wägner in Angermünde in Brandenburg geboren und erlebte seine Jugend in Lunow an der Oder. Flucht und Vertreibung verschlugen ihn mit elf Jahren nach Roggenstorf in Westmecklenburg, wo er das Ende des Krieges erlebte. Im November 1945 siedelte die Familie nach Berlin um – die Voraussetzung für eine „Westkarriere". Lunow, Roggenstorf und Berlin sind die Schauplätze dieser Geschichten.

Nach dem Studium (Geografie und Geschichte in Frankfurt) sowie einem Volontariat beim Reisemagazin „Unterwegs" in Stuttgart war er als Redakteur bei verschiedenen Zeitungen, Zeitschriften („Geo Saison") und dem SDR-Fernsehen tätig und leitete bis zu seiner Pensionierung mehr als 20 Jahre lang die Reiseredaktion der „Welt am Sonntag".

Ein alter Mann, der die Welt gesehen und seine Kindheit nicht vergessen hat, mehr noch, der sich auch nach siebzig Jahren an vieles recht genau erinnert. Ob es in den Augen des Erwachsenen jetzt das Wichtige, das Richtige ist, wer kann das schon sagen. Mir war es wichtig.